治安体制の現代史と小林多喜二

〝本の泉社〟転換期から学ぶ歴史書シリーズ

荻野 富士夫

本の泉社

目次

Ⅰ　治安体制の現代的意義

治安体制の重層性 ――「戦後七〇年」と「治安維持法施行九〇年」の節目に際して ―― 10
1　一九三〇年代―四〇年代と現在の重なり 10
2　小林多喜二の同時代観察 13
3　治安維持法の概観 15
4　治安維持法を補完する治安法令 19
5　改正軍機保護法 21
6　言論出版集会結社等臨時取締法 24
7　「暴力行為等処罰に関する法律」 26
8　治安警察法 28
9　広義の治安維持の組織と機能 30

目　次

「暴力行為等処罰に関する法律」考 ――「騙し打ち的悪法」―― 34
はじめに 34
1 「暴力行為等処罰に関する法律」の制定経過 35
❶ 制定経過 35
❷ 法案の治安的性格とカモフラージュ 37
❸ 議会審議を通して 40
2 「暴力行為等処罰に関する法律」の運用状況 43
❶ 公布施行直後の説明 43
❷ 施行直後の運用状況 46
❸ 「仮借」なき運用 51
❹ 統計数値にみる運用の実態 56
❺ 暴処法の行政警察的運用 60
3 「暴力行為等処罰に関する法律」の戦後への継続 63
❶ 敗戦時の存続 63
❷ 暴処法の本格的復活 65

「治安維持法」と「共謀罪」――「共謀罪」法案は現代の治安維持法―― 70
はじめに 70
1 その際限なき拡張解釈の運用 73
2 治安維持法の拡張の歴史 75
❶ 前史：過激社会運動取締法案から治安維持令へ 75
❷ 一九三〇年代前半の運用 79
❸ 一九三〇年代後半の運用 83
❹ 一九四一年の治安維持法「大改正」 85
❺ 敗戦後の治安維持法の存続 88
3 侵略と治安維持法 89
❶ 朝鮮における治安維持法の運用 89
❷ 満洲（中国東北部）における治安維持法の運用 91
❸ 「満洲国」の治安維持法 95
❹ 「在満日系共産主義運動」への治安維持法適用 99
おわりに 107

Ⅱ　多喜二と治安体制

「三・一五共産党弾圧事件」九〇年……112

多喜二に襲いかかる治安維持法……115
はじめに……115
1　三・一五事件と四・一六事件で見たもの……116
2　一九三〇年の検挙から出獄まで……118
3　一九三三年の検挙から虐殺まで……126
おわりに……134

小林多喜二の生きた時代と現代――「我等何を、如何になすべきか」――……137
はじめに……137
1　社会の「えぐり出し」から時代の「概括」へ……142
❶「憎悪」を原点に……142
❷「カラクリ」の暴露……145

❸ 「何時でも動いている作家」の自負……148
❹ 「時代を概括」する作品群へ……153
2 多喜二の戦争観・軍隊観……155
❶ 「帝国主義的略奪戦争」に抗して……155
❷ 戦争の本質の追及……159
❸ 戦争の「後ろ」にあるものへの視点……160
❹ 「戦争」を求める国民への注目……161
❺ 「小さい形式」の作品と「社会的テーマを扱った」作品……163
❻ 平時の軍隊の役割を理解する手がかりとして……166
おわりに……169
君の手を握る！——多喜二の獄中書簡から——……174
私にとっての多喜二——「治安体制」と「思想史」の両面から——……206
あとがき……228

I

治安体制の現代的意義

治安体制の重層性 ――「戦後七〇年」と「治安維持法施行九〇年」の節目に際して――

1　一九三〇年代――四〇年代と現在の重なり

「集団的自衛権」の行使を認める閣議決定がなされた後、二〇一四年七月一四日の衆議院予算委員会における集中審議で、安倍晋三首相は「一九三〇――四〇年代の世界と現在の世界、日米同盟と日独伊三国同盟を同列に扱うのは間違っている」という趣旨の答弁を二度繰りかえした。それは安倍内閣の「靖国神社」・「従軍慰安婦」問題などへの歴史に学ばない姿勢と通底する。と同時に、「戦後七〇年」を迎える今日の社会に、そうした思考と行動を許容し、支える一定の社会的土壌が存在していることにも目を向けねばならない。

では、「戦後七〇年」を迎える今日の位置を見定める手がかりの一つとして「一九三〇年代――四〇年代」を顧みた場合、どの時点に比定されるだろうか。第二次安部政権成立以来の「普通に戦争ができる国家」体制づくりの着々とした進行をみると、一九三七年の日中戦争全面化の前夜とみることができるのではなかろうか。

まず「集団的自衛権」という観点からいえば、すぐに一九四〇年の日独伊三国軍事同盟に思い至る。その出発点は、一九三六年の日独防共協定の締結というファシズム国家の連携にあった。

特定秘密保護法との関連でいえば、二〇一三年末のその成立時に急速に反対運動が盛り上がった要因の一つは、「特定秘密保護法は現代の治安維持法である」というアピールが多くの人に実感をもって受け止められたことにあった。今年（二〇一五年）、治安維持法は施行九〇周年を迎えるが、その悪法性・残虐性は若い層も含め、深く記憶に刻み込まれている。特定秘密保護法の法益は「秘密保護」＝防諜にあり、厳密にいえば比較参照されるべきは軍機保護法であるとはいえ、為政者が治安法を必要とし、一度それを手にすれば、立法時の慎重な運用という説明をかなぐり捨て、際限のない拡張解釈を繰りかえし、社会運動の徹底した封殺や国民生活の抑圧と統制に猛威を振るうことを、治安維持法施行二〇年の歴史は余すところなく示している。

そして、昨秋以来の北星学園・植村隆さんの問題で直接的に想起（補注）されるのは、一九三五年の天皇機関説事件から三七年の矢内原忠雄事件、三八年の河合栄治郎事件へとつづく「学問の自由」や「大学の自治」に関わる言論抑圧と統制の諸事件である。天皇機関説事件では岡田啓介内閣は二度の「国体明徴」声明を出すことを余儀なくされ、それを契機に「教学刷新」の大合唱がおこり、「異端」とみなした思想弾圧と「挙国一致」の国民思想の統合が加速度的に進んだ。

この日中戦争が盧溝橋事件を期に本格化する一九三七年前後の雰囲気を、戦後の東大総長となる大河内一男は「僕自身のまったく個人的な印象ですが、太平洋戦争が始まって、だんだん戦争が激しくなってくるのは〔昭和〕十八年以降ですね。そのころよりも日華事変の始まった十二年七月から十六年ぐらいまで、この間が思想統制としては陰湿で、いろいろな検挙があったり、非常に暗い時代で、むしろ太平洋戦争が始まってしまうと、……いろいろ警察のほうは目を光らせていたのでしょうが、しかし思想統制をやってもしょうがない。それよりも増産のほうに重点があって、空襲を防ぐということに全力をあげるという姿勢に切換わったように思います」（「「平賀粛学」と戦時の経済学部」『東京大学経済学部五十年史』）と語っている。「陰湿」で「暗い時代」というとらえ方は、ヘイトスピーチが飛び交い、何ものかへの忖度と自己規制を選んでしまうことに傾いた現在と重なる部分が多い。

「戦争に対する批判的否定的意識の形成抑止」は、一九三〇年代を通じて「治安立法による表現の自由の抑圧」、そして「公教育の権力統制による国民意識の画一化」（家永三郎『太平洋戦争』）の両面から推し進められ、一九四一年の対米英開戦時には九九％の国民の戦争支持・協力へと「戦意」を沸騰させることになる（拙著『「戦意」の推移』参照）。

しかし、一九三〇年代―四〇年代と現在の重なりを確認する一方で、二つの時代には決定的な違いがあることも確かである。それは、この歴史に学ぶ知恵をもとに、再び「戦争ができる国家」の再現・再来を許さぬ意思と行動力を現代の市民は保持していることである。そのことに自覚と自信を持ちつつ、目の前のせめぎ合いに踏ん張り、踏みとどまることが求められる。植村問題は多くの支援の声もあり、懸念する事態の回避へと向かいつつあると同時に、植村さんの反撃もはじまった。

［補注］二〇一四年春から約二年間、北星学園大学と植村隆さんに対して、集中的に脅迫と攻撃が加えられた。元朝日新聞記者の植村さんが一九九一年に書いた元日本軍「慰安婦」の記事が「慰安婦」問題の「火付け役」となったとする非難は、学生への傷害予告や家族への攻撃にまでエスカレートした。この人権侵害、大学の自治や学問・思想の自由に対する攻撃に、市民が立ち上がり、自治や自由を守りとおした。

2　小林多喜二の同時代観察

本論では「戦後七〇年」と「治安維持法施行九〇年」の重なる節目にあたり、戦争遂行体制の障害となるとみなしたものすべてを排除し、蹴散らすことに総力をあげた治安体制の全体像を重層性という視点から概観し、現在に向き合う手がかりの一つとしたい。

そのときにやはり参照されるべきは小林多喜二の同時代観察である。一九三二年三月、地下生活をはじめるなかで文化運動の再建に奔走していた多喜二は、「暴圧の意義及びそれに対する逆襲を我々は如何に組織すべきか」（『プロレタリア文化』一九三二年六月号）として、「暴圧の意義」を的確に見据えていった。ついで「日和見主義の新しき危険性」（同、三二年八月号、執筆は四、五月ころ）では、「資本主義の一般的危機に当面して最早統一的な指導的思想を産み出すことが不可能になったブルジョワジーが、我々に対して「ありとあらゆる強制と暴力」と「劣悪極まるデマゴギー」によってしか、弾圧を加うることが出来なくなった」とする。

そして、「八月一日に準備せよ！」（同、三二年八月号）において、「暴圧」そのものを「戦争とファッシズムを強行しつゝある軍事的＝警察的反動支配」と断言して、「賃下げ、大衆的馘首、労働強化が経営内に行われ、ファシスト、社会ファシスト、愛国主義者、平和主義者（略）の残るところなき利用、警視庁と憲兵隊の協同。特高部の設置（課から部へ昇進させて、その陣営を強化した）、在郷軍人、青年団、青年訓練所其他の組織の軍事編成、あらゆる革命的諸組織への徹底的弾圧……等々は来るべき戦争遂行の準備と密接に結びついている」と捉えるのである。ここで注目すべきは、多喜二が「ありとあらゆる強制と暴力」、すなわち特高警察・思想検察・軍や憲兵という重層的な治安機構・機能の実態と役割を実によく把握し、さらにその外周部分にある「劣悪極まるデマゴギー」を見極め、それらが「来るべき戦争遂行の準備と密接に結びついている」ことに言及していることである。

このように「満洲事変」後の時代状況と鋭く対峙して、「来るべき戦争遂行の準備」のために「ありとあらゆる」治安機構・機能が動員されているとする多喜二の観察は、現在を考えるうえでも多くの示唆に富んでいる。本論がとくに「ありとあらゆる強制と暴力」という治安体制の重層性に注目する理由である。

3　治安維持法の概観

かつて私は、次のように論じたことがある（「総力戦下の治安体制」（『岩波講座アジア・太平洋戦争』第二巻、のち拙著『多喜二の時代から見えてくるもの』収録））。

戦前治安体制を支える主翼の位置にあったのは、法令としては治安維持法であり、機構・機能としては特高警察と思想検察であった。これらにより、「思想犯罪」は検挙――検察――公判――行刑という流れで「処理」され、一九三〇年代後半以降には保護観察、さらに予防拘禁が加わる。検察に裁判所・刑務所を含めて「思想司法」と一括もできる。戦前治安体制の軌跡は、治安維持法の「改正」と拡張解釈、特高警察・思想検察の再三の機構的拡充とそれらによる抑圧取締・処断のための論理と手法の開発によって、過半を描き出すことができる。

これらの「治安体制の主翼群」に対して、戦時諸法令・情報統制・経済統制・「教学錬成」を「治安体制の輔翼群」と位置づけることにより、総力戦下の治安体制を総合的に把握しようと考えた。本論では治安維持法を基軸とする治安諸法令を中心にみていくことにする。

まず治安維持法について素描しておこう。

一九二二年の過激社会運動取締法案や二三年の関東大震災後の「治安維持令」を前史として、二五年四月、「国体」（ほぼ天皇制と同義）変革と「私有財産制度」否認を目的とする結社の処罰を対象に成立する。それは、普通選挙法の成立および日ソ国交の成立とも関連していた。国内における最初の適用は二六年の京都学連事件となるが、朝鮮および中国東北部（「満洲」）においては朝鮮民族独立運動の弾圧にすぐに活用された（その後も、とくに朝鮮における運用は苛酷であった）。公式の統計によれば、治安維持法による検挙は国内では約七万人におよび、そのうち約一割が起訴されて有罪となった。ほかに正規の手続きをふまない膨大な検挙・検束があり、物理的・精神的拷問がともなった。

一九二八年と四一年の「改正」が治安維持法の威力倍増のステップ、およびジャンプとなる。

二八年の「改正」は、非合法下に全国的に組織されていた日本共産党に対する大弾圧（三・一五事件）を契機に、特高警察の大拡充や思想検察の創出などとともに、緊急勅令によってなされた。「国体」変革行為の最高刑死刑への引上げと目的遂行罪の導入で、とくに後者により労働組合や救援会・プロレタリア文化運動などに関わる検挙者数は急増し、「満洲事変」前後には年に一万人を超えた。「転向」への誘導もなされた。

治安維持法の威力を十分に認識していた特高警察や思想検察は、その最大限の活用を図った。内務官僚の木下英一は『特高法令の新研究』（一九三二年）のなかで、「至れり尽くせりのこの重要法令」と呼び、「法の蔵する弾力性を筒一杯活用し、以て社会運動に節度を与へてその健全な発達を促し、社会運動の目図する社会運動に秩序あらしめねばならぬ」と説いていた。

取締側はほぼ一九三五年ころには共産党の組織的な運動を壊滅させるが、三〇年代後半からは社会民主主義に標的を広げるとともに、自由主義・民主主義への抑圧取締も強めた。取締の第一線では、「些々《ささ》たる法的技術に捉はれず現存法規の全的活用を図り、法の精神を掬《く》みて其の適用を強化拡張し、苟くも共産主義を基調とする運動なるを確認するに於ては、非合法は勿論、仮令表面合法たりとも仮借なく断乎制圧を加へ、以て斯の種運動を我国より一掃せんことを期すべきなり」（大阪府特高課「最近に於ける共産主義運動の動向と其の危険性」、三七年三月）という運用方針で臨んでいた。また、「国体」否認とみなされた宗教教義・信仰も取締の対象としていく。

『新法学全集』の一冊として『治安維持法』（三九年六月）を執筆した思想検察のエース池田克は、その冒頭で「適用範囲は年毎に拡大され来たり、今や解釈運用の限界点に到達し」と率直に述べている。また、四〇年五月の思想検事らによる実務家会同では「無理に有らゆる方面から証拠を蒐集して……治安維持法の解釈を最大限度に拡張して、辛うじて時代の要求に応じて居る状態」と運用上の苦心が語られる。

もはや拡張解釈の限度を大きく超えたことに加えて、総力戦下における治安体制の徹底の要請が、対米英開戦を控えた一九四一年三月、二度目の「改正」を実現させる（五月施行）。第一章「罪」をみると、「国体」変革のための支援結社・準備結社とそれぞれの「目的遂行」行為、集団とその「目的遂行」行為、さらに宣伝とその「目的遂行」行為、とおよそ考えられる可能性のすべてを対象とする。第三条に規定される「準備結社」とは、具体的には「結社性ヲ認メ得ル読書会、研究会ノ如ク集会宣伝啓蒙等ノ方法ニ依リ党的機運ノ醸成ニ努ムルト共ニ、共産主義者ヲ養成結集シテ党再建ニ資スルガ如キ行為ヲ担当セルモノヲモ包含スル趣旨」（司法省刑事局『改正治安維持法説明書（案）』一九四一年三月）であった。また、刑事手続の簡便化や「予防拘禁」制の導入が図られた。

しかも、この運用にあたっては「1　最高度の早期検挙を断行し……4　犯罪をして常に最高限度未遂の域を超《こ》さゞらしめ」（四一年四月の臨時思想実務家会同における名古屋控訴院検事の発言）とあるように、それまで以上に反・非「国体」的言動のえぐりだしを可能とし、実際にもその方向へ邁進していった。戦時下の典型的事例が、神奈川県特高課と横浜地裁検事局による「横浜事件」、北海道を中心とした「生活教育運動事件」である。

しかし、四五年八月の敗戦にあたり、日本政府は社会運動の勃興を予想して治安維持法運用の継続を図ったため、一〇月のＧＨＱによる民主化の第一歩は、治安維持法などの廃止と特高警察官の罷免からはじまった。しかし、治安体制維持の理念や人脈は継承され、「逆コース」の出現のなかで復活していく。一九五二年制定の破壊活動防止法は治安維持法の再現といわれた。このように治安維持法は拡張解釈の一途をたどるなかで、社会運動を封殺し、自由で合理的な思想や言論の発露を根こそぎにした。

4　治安維持法を補完する治安法令

「横浜事件」にしても、「生活教育運動事件」にしても、戦時下の典型的なフレームアップの事件であることは言うまでもないが、いずれも一定の組織・集団であり、戦争遂行に何らかの違和感を抱き、現状への変革の志向を秘めていたことを認めることができる。特高警察や思想検察の嗅覚は鋭く、それらのわずかの端緒さえも嗅ぎ出し、治安維持法の適用に容赦がなかったのである。

しかし、治安維持法のえぐりだしがどれほど異常を極めようと、その運用だけでは総力戦下の治安体制の万全を期することはできなかった。その標的は支援結社から準備結社、集団、そしてそれぞれの「目的遂行」とみなす行為にまで広がったとはいえ、牛刀をもって鶏を割くに類した大がかりな取締というべきであり、個人による戦争への違和感・厭戦的言動などにまで取締の手を伸ばすことはできず、その役割は別の治安法に委ねることになる。

したがって、治安維持法の拡張解釈によってもなおカバーしきれない、主に個人レベルの、単発的な「流言蜚語」などを小回りよく、使い勝手よく取り締まることのできる治安法が、戦争遂行体制を万全に構築・遂行するために準備されることになった。

「横浜事件」関係の史料の一つ「第三回　横浜地方裁判所管内思想検察会同」（一九四三年一一月、国立公文書館「返還文書」）のなかに、四一年五月一六日から四三年一〇月三一日までの「思想事件」を集計した「思想検察担当事件処理一覧表」がある。治安維持法違反は「受理総数」一七七人（起訴三三人、起訴猶予八一人など）となっているが、それ以外の「思想事件」として、国防保安法違反等（一〇二人）、「事変惑乱」（一九人）、不敬（一三人）、言論出版集会結社等臨時取締法違反等（六一人）など、総計四六七人の検事局「受理」数があったことがわかる。警察段階の「思想事件」の検挙者数はもっと多いだろう。すなわち、特高警察においても、思想検察においても、戦時下にあって治安維持法以外の各種の治安法令を用いて総力戦体制下の治安確保につとめていたのである。

5 改正軍機保護法

ここでは、軍機保護法と言論出版集会結社等臨時取締法という二つの治安法に注目する。まず、一九三七年に改正された軍機保護法である（詳細は拙著『「戦意」の推移』参照）。もともと軍機保護法は一八九九年、日露戦争に向けた軍備拡張にともなって増大する軍事機密の漏洩取締を目的に制定された防諜法令であったが、一九一〇年代から三〇年代半ばまではほとんど適用をみず、実質的に凍結状態となっていた。日中戦争の全面化を前にこの活性化が目論まれ、改正の機運を盛り上げるために、意図的に諜報事件があいついで摘発された。改正案の審議過程では「この法律一つで優に言論弾圧ファッショ政治が出来る」（『東京朝日新聞』社説、三七年三月三一日）などの批判が高まったものの、政府は慎重な運用を心掛けるとして成立にこぎつけた。

そのため、三七年一〇月、陸軍省ではその施行に際し、「一度苛察に流れ、或は運用の適正を欠かんか、良民を無辜《むこ》に鳴かしめ、民心は明朗進取を失ひ、惹いては軍民の離間を招来するの虞なしとせず、仍て本法の運用には周到なる用意を必要とす……徒《いたず》らに細鱗を捕ふるに急にして、呑舟の魚を逸するが如き弊に陥らざるを期すべし」と釘を差した。ところが、施行後約二年余の四〇年一二月、軍における取締の元締めである憲兵司令部は、この運用に「往々にして適切を欠くものあるに付、徒に民心を委縮せしめざる様」と注意を喚起する通牒を発した。「徒らに細鱗を捕ふるに急」な、一般国民に関わる事件が頻出することになり、その事態は「不必要に民業を圧迫」するだけにとどまらず、「軍民の離間」、すなわち「憲兵の威信」失墜を招きかねないとする憂慮に発した通牒であった。しかし、半年後にも同様な通牒が出されており、末端では「徒らに細鱗を捕ふるに急」な取締が止むことはなかった。

なお、対米英開戦直後の「非常措置」として検挙された北大生宮澤弘幸と北大講師ハロルド・レーンに対する懲役一五年という突出した重罰は、この軍機保護法違反とされた。

軍機保護法の「軍機」の具体的な内容は軍機保護法施行規則（陸・海軍省の省令）で決められることになっていたため、とくに陸軍の場合は五度の施行規則改正により「軍機」の範囲は膨張の一途をたどった。たとえば、三九年一二月の最初の改正ではそれまで新聞などに報じられていた「戦死者数、将校の総数、予後備役将校数、壮丁の合格比率、在郷軍人数」

などが秘匿されることになった。また、当初は要塞地帯や東京市・横浜市などに限られていた写真や模写の禁止区域の範囲は、四四年八月の最後の改正で「帝国の領土」すべてに拡大した。街並みや景勝地などの写真をとることやスケッチをすることが、すべて処罰の対象となったのである。

さらに改正軍機保護法の運用における際立った特徴は、「国民防諜」のためのテコとしてその気運の醸成に大きく関わったことである。デパートでは防諜展覧会が開催され、県や市町村・企業などには防諜委員会・防諜懇談会などの設置が促進され、「防諜」啓蒙の標語・ポスターなどの募集がなされ、国民の動員が図られた。それらがめざしたのは、「国民挙って防諜の戦士」に仕立て上げ、「立派な国民を作り、やがて立派な日本を作る」ことであった。日常の言動にスキがあると、そこにスパイがつけ込む余地があるとして、「どんな苦しいことでも我慢して一億一心、この非常時局を突破する。如何なる宣伝にも乗らない。日本政府を信頼し、その号令に絶対、服従する」ことが求められた（防諜協会編『スパイは何処にゐるか 「わかりやすい防諜の話」』一九四一年）。

先の「思想検察担当事件処理一覧表」では「国防保安法違反等」となっているが、「違反等」となっているので、ここに軍機保護法違反も含まれているはずである。国防保安法とは、一九四一年三月、閣議決定などの「国家機密」漏洩や外国の宣伝謀略の防止などを目的に制定されたもので、ゾルゲ事件への適用で知られる。しかし、実際の適用例はそれほど多くない。

6　言論出版集会結社等臨時取締法

総力戦下の治安維持法を補完する役割を担ったもう一つの治安法令は、一九四一年一二月、対米英開戦直後に制定された言論出版集会結社等臨時取締法である。その意図について、松阪広政検事総長は「大東亜戦争と治安維持の重要性」のなかで、「戦時下国内の人心を動揺せしめて社会不安を誘致するが如き事犯や、国策に反して国論の不統一を招来せしむる如き事犯を防圧根絶する為、言論、出版、集会、結社等に関する取締法を制定し」たと記した（ついで、松阪は「共産主義其の他詭激思想運動の如きも、戦争の長期化に従い、各種の経済現象が漸次複雑化すると共に、国際情勢や社会情勢の変化に依り、動《やや》もすれば、詭激思想を助成するが如き行為を為す者が出て、之を防遏する為、治安維持法を改正強化して国内治安を確保し、思想国防の完璧を期した」と論じていた〔『法曹公論』一九四二年四月〕）。この後には戦時刑事特別法（四二年四月）、裁判所構成法戦時特例（同）が制定され、陸軍刑法・海軍刑法の軍事に関する「造言飛語罪」の刑期引き上げ（四二年一二月）、戦時刑事特別法改正による「国政変乱宣伝罪」の追加（四三年三月）も治安的な観点から実現する。

言論出版集会結社等臨時取締法が対象としたのは、個人的でイデオロギー性は薄い「流言蜚語」・「落書」などの取締であった。戦局の悪化にともなって「流言蜚語」・「落書」などは激増するが、その摘発に臨時取締法は大いに威力を発揮した。その一端は、司法省『言論出版集会結社等臨時取締法違反（造言飛語・人心惑乱）事件報告書』に見てとることができる。四五年三月から、この治安法が廃止となる一〇月まで一九六件を収録し、その八割程度に事件の分類が記されている。「敗戦」が七三件と圧倒的に多く、ついで「空襲」三五件、「官民離間」一〇件とつづく。

たとえば、「戦争がこんな事になったのは軍の遣《や》り方が悪いからだ、現在は戦争は明に負けて居るのだ、こんな状態では先の事は判らない、俺は戦争なんか負けても勝ってもそんな事は構わない、美味いものでも食って好きな事をして居るのだ」と発言した群馬県の六〇歳代の保険外交員は、略式命令で罰金一五〇円を課される。また、「政府は其の指導方針に於て最初長期抗戦だと言い乍《なが》ら、今度は短期決戦だと言い、何でも彼でも米英撃滅だと謂う様な激しい字句を使って居るが、之では国民は麻痺して仕舞う、之は皆上層部の指導が悪いからで、官吏は斯様に口先許《ばか》り甘いことを言うが、陰では悪いことをして収賄したりする、だから国民は誰も真面目に蹤《つ》いて来ないし、生産力も低下し、戦争は勝目がないのだ」という四三年八月ころの発言を問われた北海道の五〇歳代の銀行員は、四五年六月、懲役八月・

執行猶予三年という刑が確定する。

7 「暴力行為等処罰に関する法律」

総力戦下においては、戦争遂行体制の障害となると官憲側が認めれば、その危険とみなすレベルに合わせて、治安維持法が、あるいは軍機保護法に代表される防諜法令が、あるいは言論出版集会結社等臨時取締法が役割分担をしつつ、その萌芽を摘みとっていった。そこに至らない軽微と判断された「流言蜚語」などに対しては、警察犯処罰令などの行政処分（科料）も多用された。

総力戦以前＝一九三〇年代前半までの社会運動の抑圧取締も、二五年の施行以降は治安維持法を基軸としつつも、やはり他の治安法令が要所ごとに配置されていた。その一例として、二六年の「暴力行為等処罰に関する法律」がある。

一九〇〇年制定の治安警察法はその第一七条が「労働運動死刑法」と呼ばれるほど、施行とともに労働運動・農民運動の抑圧取締に威力を発揮していたが、二〇年代前半の労働・農民運動の活発化とデモクラシー気運の高揚のなかで、二六年、第一七条の廃止が実現した。するると、政府はすぐにこれを代替する「暴力行為等処罰に関する法律」を成立させる。表向きは暴力団取締を掲げることで世論の緩和を図るとともに、議会審議では「労働ナリ、他小作ナリ、其水平運動ナドヲ、此法律ニ依ッテ取締ル意思ガアルカドウカ、是ハ全クサウ云フ意思ヲ持ッテ居ラヌノデアリマス」（衆議院における江木翼法相答弁、二六年三月一八日）とする説明で切り抜けた。

「本案規定ノ暴力行為等ヲ検挙スルニ当リ、当局ハ須《すべか》ラク其ノ運用ニ戒心シ、苟モ人権蹂躙ノ非違ナキコトヲ期スベシ」という衆議院の付帯決議がなされ、施行を前に司法官会同で江木法相は「穏健なる一般社会運動を抑圧せんとするの趣旨に非ず……これが運用を誤るなからんことを期せらるべし」と訓示した。しかし、すぐに日本楽器争議で発動され、さらに農民組合や水平社の行動にも適用されていった。だまし討ちであった。

その弾圧への活用は、「数人共同シテ暴力ヲ用ヒテ他人ノ器物ヲ損壊シタル以上、仮令被告人等カ労働組合農民組合ノ如キ合理合法的団体ノ組合員ナリトスルモ暴力行為等処罰ニ関スル法律ノ適用ヲ免レザルモノトス」という大審院判決（二七年六月）によっても追認されていった。司法省『昭和二年昭和三年中に於ける思想犯罪の概況』（『思想研究資料』第一四輯、一九三一年二月）によれば、「暴力行為等処罰に関する法律」の適用は二七年では労働争議九四人・小作争議一二三人（合計では二一九人）となり、全思想犯罪の二八％におよんだ。

長谷川瀏『暴力行為処罰法令義解』（一九三五年）には、「従来の暴力行為の検挙は其の焦点が意識的に特定方面に向けられてゐたものではない。全く行き当りばつたりの検挙で、思想運動取締の結果、本法違反行為があれば序《ついで》に検挙して置く、他の犯罪の検挙を試みたが目的通り行かなかつたので止むを得ず本法を適用して置く、といふ風なものが多かつたやうである」とある。また、戦後になるが、関之《いたる》は『労働刑法概論』（一九四九年）において、「本法の運用の実情は、広く労働運動や小作争議の一切に亘りこれを行っている。本法は、一般労働刑法として特に重要な地位にある。労働運動に伴う暴力的犯罪にして、本法の適用なきものは殆んどない」と論じている。

8　治安警察法

一九二五年の治安維持法の制定まで、治安法令の基軸は一九〇〇年制定の治安警察法にあった。しかし、ロシア革命・米騒動後の社会運動の急展開のなかで、治安警察法の威力は不十分とみなされ、治安維持法の制定が急がれた。二六年の治安警察法改正で第一七条が廃止され、新たな社会運動に対応する治安維持法が全治安法令の基軸に位置づけられるという状況のなかでも、治安警察法はそのまま存続し、集会・結社・デモ行進などを規制する治安法として機能していた。ただし、治安警察法が具体的に社会運動の抑圧取締にどのように関わったかについては、やはり治安維持法の猛威の影に隠れて見えにくく、今後の残された課題である。

治安警察法がその存在感を見せようとしたのは、敗戦後に予想された治安悪化の状況においてである。四五年八月二八日に東久邇内閣が閣議決定した「言論集会結社の取扱方針に関する件」では、戦時立法である言論出版集会結社等臨時取締法を緩和して治安警察法の精神に則り、集会結社などは届出による許可制に改めるとした。それは戦時の特別制限の緩和にすぎず、治安警察法の存続は当然視された。そのため、日本の民主化の第一弾としてGHQが日本政府に突きつけた「人権指令」の精神によれば、治安警察法も治安維持法などとともに廃止されなければならなかったにもかかわらず、政府はそれに頰かむりをして存続を図ったのである（GHQの指示により、四五年一一月二一日廃止）。ここに社会運動の具体的な表現形態である言論・集会・結社活動などに対する規制と取締という治安警察法の役割が再確認できる。それゆえに、敗戦後の社会運動の再興に対して、官憲当局は廃止された治安警察法に代わる規制・取締方策を急いでいく。

以上にあげた治安法令以外にも、とくに重要なのは言論取締・統制の諸法令である。明治初年の維新政府による反政府的言論の取締にまでさかのぼらねばならないが、ほぼ二〇世紀以降の新聞紙法・出版法、やや遅れて映画法については、個別的な研究はあるものの、言論取締・統制の全体的構造と実態の解明については、やはり多くが課題として残されている。

＊

二〇世紀初頭からの社会運動の抑圧取締は、また一九三〇年代後半以降の総力戦体制下の治安確保は、まず治安警察法、ついで治安維持法を筆頭に、さまざまな治安法令を活用し、それぞれの機能を組み合わせつつ、総体としておこなわれていった。既存の治安法令が社会運動との対抗上、不十分と認識されれば、その都度「改正」や新規の制定がなされた。

その担い手は、先に「治安体制の主翼群」と呼んだ特高警察と思想検察であり（そこにはさらに思想憲兵を含めるべきだろう）、「治安体制の輔翼群」と呼んだ情報統制・経済統制・「教学錬成」などである。後者は広義の治安維持の組織・機能とみることもできる。ごく簡単にそれらを素描しておこう。

9　広義の治安維持の組織と機能

まず情報の統制・操作という点では、一九三六年の情報委員会（委員長は内閣書記官長）を経て、三七年の内閣情報部へ、四〇年の情報局へと拡充をみる。これらでは総力戦体制の構築のために、国民を戦争に協力させ、動員するために、国家目的に即して統制された「情報」

が大量に発信されることになった。その嚆矢となったのは、三六年一〇月に創刊された『週報』である。内閣情報部期は、「内外情勢の解明と国内諸施策の具体的指導に重点を置き、特に食糧増産、防空等国民生活に関係深い問題に付ては、特輯号の編輯を行った」(『戦前の情報機構要覧』〔『言論統制文献資料集成』第二〇巻〕)。また、『写真週報』は写真と平易な文章による「啓発宣伝」を目的に、「週報の大衆版」の役割をもって、内閣情報部により三八年二月に創刊された。

ただし、情報委員会から情報局まで一貫して自らが情報収集にあたる仕組みはもたず、各省と地方から提出される情報に依存していた。業務の中心は検閲や情報操作を含む情報統制に置かれることになった。情報局第四部第一課は警保局検閲課を包含し、検閲課長が第一課長を兼ねるほか、検閲課員の多くも情報官を兼務した。出版社は事前に編集企画案や予定執筆者名の提出が義務づけられ、さらに用紙統制を駆使して編集権への介入も始まったのである。新聞社の政治部長検閲事務打合会・総合雑誌編輯長懇談会・中央公論連絡会議などが恒常的に開催されていた。

一九三八年四月の国家総動員法施行にともなう統制経済の進行に連動して、その違反に対する取締と統制の経済警察・経済司法の態勢が整備されていった。早くも七月末には警保局に経済保安課が、八月上旬には各府県警察部に経済保安課ないし経済保安係(特高課内)が設置された。経済警察発足の一年後、専任の経済係判事・経済係検事が主要な地方裁判所・検事局に配置された。

この経済犯罪に対する取締方針は、まず「温情主義」と呼ばれる慎重さで臨むが、三九年二月以降、経済犯罪の増加傾向があらわれ、闇取引の増加や再犯者が出現しはじめると、厳罰方針への転換を図った。国家総動員法にもとづく価格等統制令の施行（いわゆる九・一八ストップ令）は、国民生活を直撃し、経済事犯の検事局受理数は四〇年全体では一二万七〇〇〇人余となり、三九年の四倍以上となった。四一年はやや減少するが、対米英開戦切迫を一因に増加に転じ、物資配給・買溜や国民徴用などに関する「流言蜚語」も増加した。「昭和十七年度経済犯概説」では「経済犯罪情況は「生活必需物資に関する末端配給部面に於ける氾濫」の一語に尽きる」（司法省刑事局『経済月報』四三年四月）という総括に至る。ここに経済犯罪と思想犯罪が合体した「経済治安」という観点が浮上してきた。

統制経済崩壊の兆しは、すでに四三年に胚胎した。また、四三年には労務統制違反事件に対する取締も本格化した。経済検事だった菊池健一郎は戦後の「司法の面より観たる敗戦原因の研究」（『司法研究』四七年九月）において、四四年以降、「各種の犯罪傾向は益々極端化し、食糧の逼迫化と共に戦時経済破滅の深淵に一歩近づいて行った」として、「昭和二十年上半期に至って、遂にインフレーションは悪性化し、食糧配給不手際による食糧の逼迫化は甚しくなり、資材は極度に貧困化し、国民の戦意すら低下し、我が国戦時経済は壊滅の深淵にはまり込み、原子爆弾の出現を見ずとも、戦争継続は国の壊滅以外にあり得ぬ状態に立至ったものと認むることを得る」と論じている。特高警察や思想警察に先んじて、経済検事らは統制経済の破綻による敗戦必至をすでに四五年前半には予想していたのである。

学生部から思想局を経て教学局（外局、その後内局に戻る）に至る文部省の思想統制・動員については、拙著『戦前文部省の治安機能――「思想統制」から「教学錬成」へ――』（校倉書房）を参照されたい。

また、私自身も未着手の領域だが、税関（大蔵省管轄）による水際での「赤化宣伝」防止の機能、郵便物や電信などの検閲についても、広義の治安機能の一画をなした。

「主翼群」たる特高警察・思想検察・思想憲兵、「輔翼群」たる情報統制・経済統制・「教学錬成」の機構と機能は、全体として緩やかな連絡と協調を図りつつ、時に競合することもあった。これらを全体として調整する内閣直属の「思想対策協議委員会」（一九三三年、斉藤実内閣）が設置されることもあったが、基本的には各治安機構が独自にそれぞれの担当領域においてその治安機能を最大限に発揮することにつとめ、社会運動の逼塞化、さらに総力戦下の治安確保をめざした。

「暴力行為等処罰に関する法律」考 ――「騙し打ち的悪法」――

はじめに

治安維持法を基軸に重層的に整備・運用された戦前の治安法制のうち、治安維持法や戦時治安立法はＧＨＱの「人権指令」の発動という外部の他律的圧力によってしぶしぶの廃止に至った。しかし、なお戦前の治安法制の一翼を担った治安法が敗戦による民主化と非軍事化の大改革のなかでも生き残り、現在においても労働運動や市民運動への抑圧取締という治安的機能を発揮しつづけている。その一つが、一九二六年四月に公布施行された「暴力行為等処罰に関する法律」である。戦後において数度の改正がなされたとはいえ、その根幹部分はそのまま残されている。

本論では、その起草立案過程に注目するとともに、政府当局の説明とは裏腹に治安法としての役割を戦前・戦後を通じて現在に至るまで一貫して果してきたことを概観する。

1 「暴力行為等処罰に関する法律」の制定経過

❶ 制定経過

「暴力行為等処罰に関する法律」（以下、「暴処法」と略す）の制定には、新聞報道を追っていくと、大きく二つの流れがあったと思われる。

一つは治安維持法案の審議のなかで、次期議会に暴力団取締の法案を提案する旨を言明したことである。治安維持法案に対する批判のなかに、まず眼前に跋扈する暴力団への対策を率先しておこなうべきという声の高まりがあった。これに対応して治安維持法案を成立させるために、司法省では次議会に暴力団取締の法案提出を約束することになった。一九二五年一二月二三日付『東京朝日新聞』の「今議会に提出の「暴威取締法案」暴力団の徹底的取締を期し親告を待たずして処断する　内務、司法意見一致」という記事は、これに関連したものである。「団体又は団体の名を以て暴行、脅迫、器物毀棄、及び之に関する行為を為したる者」に対し、刑法よりも刑罰を重くすることなどの「法案要綱」がまとまった。

もう一つは、労働運動死刑法といわれた治安警察法第一七条の撤廃要求に密接に関連して、暴処法案が浮上してきたことである。労働組合法案・労働争議調停法案・治安警察法第一七条削除という労働三法案について、内務省社会局案をもとに行政調査会で審議のうえ決定した原案を、二五年一二月八日の閣議で承認した。その際、「社会局の原案に修正を加へた理由」に「階級闘争を努めて防止す」という方針があったとし、「十七条に規定するもの中暴行、脅迫又は公然ひ毀に関する処罰に付ては別に之に代るべき適当の一般的立法を為すことを攻究すること」となったと、一二月九日付『東京朝日新聞』は報じる。この「別に代るべき適当の一般的立法」が暴処法案になった。

翌二六年一月一六日付同紙が「治警十七条に代る二法律　労働争議調停法第十九条と暴威取締令を適用」と報じるように、暴処法案はすぐに具体化した。その骨格は、「労働争議の際にしばしば見る争議団代表の会社重役に対する面会強要その他多数を以てする暴行等はこの暴威取締法の適用に依り治警法と同様依然親告を要せざる罪としてこれを罰せらる〻ことゝなる」と観測されたのである。

その後、内務省社会局・司法省刑事局・内閣法制局の間で具体的な条文案が詰められていく。「第三条のせん動の字句で司法省では右字句を強き意味に局限してゐるに対し法制局側は「せん動」の字句は不明瞭であるから削除するがよいとの意見にて不一致なり」（同、三月二日）などの問題が残されたものの、三月八日、「暴力団処罰法案」として閣議で決定され、衆議院に提出された（同、三月九日）。「せん動」の字句は、司法省が譲歩して削除された。
三月二〇日付の『東京朝日新聞』は、「厳罰主義に対する抗議」と題する社説できびしく暴処法案を批判した。

前議会には治安維持法があつた。今議会には暴力行為処罰法がある。いづれもしゆん厳なる刑罰をふりかざして、法の威力をもつて社会の憂慮を除かんとする点において、そのきを一にする。この法律および法案は、刑法以後の新しき罪といふよりも、むしろ刑法の罰則を生ぬるしとして、重刑をもつて国民を脅かし、もつて犯罪予防の目的を達しようとする、いはゆる厳罰主義の現れである。今日厳罰重刑の政治が行はれるなど、いふ事は、封建制度の昔の夢をくり返すやうなもので、これ程憲政の逆転はない。

これは『東京朝日』が突出しているわけでなく、当時のメディアにおいてほぼ共通した批判であった。大正デモクラシーの社会化という気運が高まるなか、政府はそれと一八〇度反対の方向で暴処法をつくろうとした。

❷ 法案の治安的性格とカモフラージュ

「公文類聚」（第五〇編・一九二六年・第三九巻　国立公文書館所蔵）によって、暴処法案がどのようなものとして立案されたのかをみよう。

「暴力行為等処罰ニ関スル法律案」は三月二日付で、司法省主導ながら名義は内務・司法両大臣名で閣議に請議された（八日に「裁可」）。「法律案理由書」には、「団体的背景ニ依リ兇器ヲ携帯シ又ハ常習トシテ暴行脅迫又ハ強談威迫等ヲ行フ者及之ヲ援助スル者ハ我国現下ノ事情ニ鑑ミ相当重ク之ヲ処罰スル必要アリ是レ本案ヲ提出スル所以ナリ」とある。「我国現下ノ事情ニ鑑ミ」の解釈に労働運動・農民運動の高揚への危機感が含まれ、廃止されることが確実な治安警察法第一七条の代替として立案されていたことは、「参照」として治安維持法と「関東州ニ於テ財物掠掠ヲ以テ多衆結合スル者ノ処罰ニ関スル件」（二四年一一月一四日）の条文が付されていることからもわかる。後者は「公務員又ハ軍ニ抗敵シタルトキ」、いわゆる「馬賊・匪賊」取締の規定である。

このように暴処法案は治安法という性格を埋め込まれていたが、社会的な世論に配慮してその意図はカモフラージュされ、「暴力団取締法」としての理由づけが表面に出された。請議された暴処法案には参考資料として、二五年九月現在の「暴力団類別表」が付されている。「皇室中心国粋保存」を目的とする団体六八、「赤化防止思想善導」が一三、「正義任侠」が六となっている。そのなかに「労働小作条件改善」を目的とする労働・農民団体五（京都四、大阪一）、「差別待遇撤廃」を掲げる水平社関係九（京都三、大阪四、岐阜・福岡各一）が含まれているが、それらが暴力団に比べて周縁的な派生的な存在であることを印象づけようとしているかにみえる。また、「暴力団体及団体員数調」は府県別の調査で、二四八団体・三万三八四三人となっている。それまでの刑法違反としての「暴力団員ニ関スル処分結果調」では、「懲役一年以上」八三人などとある。

これに先立ち、二月二〇日に衆議院議員加藤十四郎らが「飾窓損壊行為制裁的立法ニ関スル質問趣意書」を提出した。「一朝不逞ノ徒出没スルニ当テハ最危険ニ瀕シ易キ憂ナキニ非ス」として、都市民衆騒擾・米騒動的なものに付随して発生するショーウィンドーなどの破壊行為に対する「制裁的立法」の制定を求めたものだが、司法・内務両大臣名の答弁書（三月二日付）は、立案中の暴処法案がそれへの対策となるというものだった（前掲「公文類聚」）。

なお、三月一一日の日付をもつ司法省刑事局「暴力行為等処罰法律案理由書」（「返還文書」、国立公文書館所蔵）に、第一条に関して「騒擾罪及治安警察法違反罪トノ関係」に言及した説明がある。「本条ハ私益ノ保護ヲ目的トスルヲ以テ治安警察法第十七条違反ノ罪ハ目的罪ニシテ且本条ノ罪トハ其ノ法益ヲ異ニスルカ故ニ同法違反ノ行為ニシテ同時ニ本条ニ該当スルトキモ亦一個ノ行為ニシテ二個ノ罪名ノ適用ヲ受ケ結局本条ニヨリ処罰スヘキモノトス」となっている。ここから判断すると、司法省では治安警察法第一七条の廃止を想定していないようである。

暴処法の成立・公布後、八月二七日付で同法を植民地でも施行することが勅令で定められた。その理由として、「台湾ニ於テハ老鰻一派カ扁錐ヲ所持シテ暴力行為ヲ為シ朝鮮ニ於テハ団体ヲ仮装シテ暴力ヲ振フモノアリ、関東州ニ於テハ内地ノ暴力団ノ分派カ横行スルコト顕著ニシテ樺太ニ於テハ其ノ虞アリ」と説明される（前掲「公文類聚」）。すでに独立運動を封じ込めた台湾では「老鰻一派」という暴力団の存在を、また州内の「馬賊・匪賊」の取締に目途をつけた関東州では「内地ノ暴力団ノ分派」の横行を暴処法施行の理由にあげている。一方、朝鮮においては「団体ヲ仮装シテ暴力ヲ振フモノアリ」と抽象的に書かれているが、それは民族独立運動への適用に余地を残しておこうとしたからであろう。

❸ 議会審議を通して

衆議院に提出された暴処法案の第一条は、「団体若ハ多衆ノ威力ヲ示シ、団体若ハ多衆ヲ仮装シテ威力ヲ示シ、兇器ヲ示シ」とある。江木翼法相は本会議で「労働ナリ、小作ナリ、其他水平運動ナドヲ、此法律ニ依ッテ取締ル意思ガアルカドウカ、是ハ全クサウ云フ意思ヲ持ッテ居ラヌノデアリマス」と明言する（二六年三月一八日『衆議院議事速記録』第五一議会）。委員会審議でも暴処法案は暴力団取締を目的とすることが繰りかえし強調され、暴力団関係の資料が提出された。それは三月二〇日付の『東京朝日新聞』に「法の不備に基く　暴力行為の発生　暴力所罰委員会における　司法省の参考資料」として、掲載されている。「暴力団の沿革および発生の原因」として、冒頭に次のように記されている。

近時社会の各階層より蛇かつ視せられてゐる所謂暴力団はこれを大別すれば

（イ）壮士と称する政治ゴロ

（ロ）左傾若しくは左傾的思想臭味を有する不良者の集団

（ハ）三百およびその配下に属するもの

（ニ）博徒および侠客

右のうち博徒および侠客は既に徳川時代に端を発してゐるが他の団体は主として大正八九年頃戦後財界の不況急進若は反動思想のぼつ発その他社会問題の発生に刺げきさせられ暴力的の直接行動により急速に事案を解決せんとする目的を以て漸次勢を助長するに至れるものである。

ここでも「左傾若しくは左傾的思想臭味を有する不良者の集団」を暴力団の一つに数えているほか、つづく「現行法令の欠陥」でも「（ロ）いはゆる特殊部落民に対し冷遇するの習慣があつた所水平思想の発達により団体を背景として直接にきう弾せんとする弊風を生じたること」と水平社を位置づけるとともに、「矯激なる外来思想により特権若は有産階級に対し不平を抱ける徒にして直接行動にてその意を満さんとするの風を生じたること」として社会主義的団体・集団も視野に入れている。とはいえ、江木法相は治安警察法第一七条の代替とみなす見解を極力否定する。

委員会審議における質疑応答で政府委員として答弁に立った立石健輔刑事局長は、「本案ノ出来マシタ目的ト云ヒマセウカ、精神ト申シマセウカハ、主トシテ……「ユスリ」トカ「ゴロツキ」トカ云フヤウナモノヲ目当テニ拵エタモノデアリマス」と江木法相と歩調を合わせつつ、巧みにそこから一歩踏み出した答弁をして、労働・農民・水平運動などの抑圧に適用可能な余地を残した。「同盟罷業トカ、或ハ何カ団体其モノ、色々ノ行動ヲ阻止スル、又団体其モノヲ取締ル、或ハ団体員ノ行動ヲ阻止スルト云フコトハ少シモ考ヘテ居ラヌノデアリマス、併シナガラ偶其団体或ハ団体員トナッテ居ル者ガ或ハ団体的ナリト称シテ、而シテ何カ之ニ該当スルヤウナ場合ニハ、是ハ之ニ当ルコトノ或ハ已ムヲ得ナイコトニナリハシナイカト思ヒマス」（三月一九日『衆議院委員会議録』）と述べるが、隠された意図は後半部分にあった。

委員会審議では、質問者九人のうち七人までが労働・農民・水平運動の取締に用いられるのでないかと懸念を示したが、政府側は暴力団取締を前面に掲げて押し切った。二回の審議で三月二二日にほぼ原案通り可決し、二四日に衆議院通過、二六日貴族院通過のうえ、四月一〇日公布、四月三〇日施行となった。同時に提出された「労働組合法案」は成立しなかっただけでなく、その後も政府は消極的で日の目をみることはなかった。治安警察法第一七条に代わる抑圧取締法だけ、逸早く成立させたのである。

なお、衆議院通過の際の付帯決議として「本案規定ノ暴力行為等ヲ検挙スルニ当リ、当局ハ須ラク其ノ運用ニ戒心シ苟モ人権蹂躙ノ非違ナキコトヲ期スベシ」としたものの、ほとんど何の効き目もなかったことは、その直後からの運用状況からも明らかである。

2 「暴力行為等処罰に関する法律」の運用状況

❶ 公布施行直後の説明

公布と同日の一九二六年四月一〇日、司法省刑事局は前述の「暴力行為等処罰法律案理由書」（三月一一日）を改訂した「暴力行為等処罰に関する法律釈義」を作成している。ここでも「立法ノ理由」として暴力団取締を念頭に「法制上ノ不備」をあげ、「之ヲ取締ラムカ為メニハ、親告罪ヲ非親告罪ト為シ訴追ヲ自由ナラシメ、其ノ刑ヲ重クシテ法ノ威力ヲ示シ、又新ニ法規ヲ設ケテ其ノ不備ヲ補ハサルヘカラス」という状況だったことを強調する。

司法書記官塩野季彦は憲兵練習所での講演（『暴力行為等処罰法釈義』二六年五月）において、暴力団の横行という「犯罪の趨勢」に言及したうえで、「本法と多衆運動との関係」について、「労働者の争議に付ては新に労働争議調停法が制定せられ、其の同盟罷業の如きは既に公然之を権利として認むる今日に於て之を防遏するに刑罰を以てするが如きは、時代に逆行するものであつて夢想だも許されぬことである。小作争議に付ても同様であり、水平運動に付ても亦然りである。本法は決して此等正当なる目的を有する団体運動を阻止せむとして制定せられたものではない」と断言する。しかし、塩野講演のポイントは、「固より正当なる目的の運動と雖、狂暴の所業に及ぶものあらば其の目的の正当なるの故を以て其の手段の非違を寛恕すべきものではない」とする点にある。「狂暴の所業」かどうかの判断は当局者にのみあった。

そして、廃止となる治安警察法第一七条の「犯罪行為は将来犯罪とせず放任するものと速断してはならぬ」として、刑法の適用にとどまらず、「労働争議、小作争議に際し是迄治安警察法に依り処罰せられた暴行、脅迫にして本法の定むる特殊の態様を具備する場合に於ては本法に依り刑法よりも一層厳重なる刑罰を科し得るのである」と明言する。暴処法の治安警察法第一七条の代替としての役割は明確だった。

『警察協会雑誌』一九二六年四月号に赤穴保（山口県警察部警務課長）が警察講習所でおこなった講演記録「暴力行為等処罰に関する法律に就て」が掲載されている（「警察教養資料」としてパンフレット刊行）。ここでも「暴力団の現状」、「暴力団発生の原因」などから論じつつ、「立法精神としては労働組合の如き正当なる目的を有するものは其の対象とせるものではないが、法文として成立した上では場合によりては本法に触る丶ことありと云ふも又已むを得ないことであらう」とする。労働運動側の暴処法反対論を「誤解」とするだけでなく、それらが「違法性を有する行為をなす事あるべき事を暗に裏に認むるが如き矛盾を包含するもの」と反駁する。

施行を直前に控えた地方長官会議（四月二一日）において若槻礼次郎内相は、「現在のいわゆる社会運動中には現状に対する不満より往々にして常軌を逸し矯激にわたり暴行脅迫などの破壊的手段に出で延いて社会の平和を攪乱しその健全なる進歩発展を阻害するおそれあるが如きものあり、斯の如き運動に至つては厳にこれを排除して社会の不安を一掃し共同生活の安全を保持しその健全なる発達を講ぜざるべからず」（『大阪毎日新聞』二六年四月二三日）と訓示し、暗に暴処法の活用を促す。

四月二八日の司法官会同における江木法相の訓示では、暴処法について「敢て穏健なる一般社会運動を抑圧せんとするの趣旨に非ず……これが運用を誤るなからんことを期せらるべし」（『東京朝日新聞』二六年四月二九日）と議会での説明に沿って慎重な運用を指示する。ただし、「穏健なる一般社会運動」と当局がみなさない「過激・矯激な社会運動」に適用する可能性を残した。

なお、この司法官会同の記事のすぐ隣に「暴力ぼく滅のポスター　けふ市内各所に張りだす」（警視庁）という写真付きの記事がある。一般社会向けには、警察が暴力団対策に熱心だという印象を与えようとしている。

❷ 施行直後の運用状況

議会答弁では暴力団取締を意識的に強調し、治安警察法第一七条の代替ではないとしながらも、暴処法は施行直後から治安機能を発揮した。一九二六年五月には折からの日本楽器争議で発動されるほか、京都府久世郡T村に発生した農民組合団体の「威力利用脅迫事件」を仕立て上げる。「京都府下の組合員が「何んでもない」様な言葉をとらへられて真ッ先に検挙され」（森義一『小作争議戦術』一九二八年）た事件である。早くも一一月二二日、この事件について大審院で次のような判決がくだされ、暴処法の争議適用にお墨付きが与えられた。

暴力行為等処罰ニ関スル法律ハ、団体ヲ標榜シ、之ヲ背景トシテ其ノ威力ヲ利用シ暴行又ハ脅迫ノ罪ヲ敢行スル者ヲ取締ル為ニ制定セラレタル法規ナルヲ以テ、仮令団体其ノモノハ正当ノ目的ヲ有シ常ニ暴力行為ヲ為サズ、又ハ団体員ニ不良ノ徒ナシトスルモ其ノ威力ヲ利用シ、暴行又ハ脅迫ノ罪ヲ敢行スルトキハ其ノ行為ハ該法律第一条ニ該当スルモノト解セザルベカラズ八月には水平社への適用第一号となる沖野々事件（和歌山県那賀郡）で七人が検挙され、警察署での拷問に加えて、長期間の未決勾留もなされていた。第一審では二人に懲役四月などの有罪判決が出る。

二七年六月八日の大審院判決では、「数人共同シテ暴力ヲ用ヒテ他人ノ器物ヲ損壊シタル以上仮令被告人等カ労働組合農民組合ノ如キ合理合法的団体ノ組合員ナリトスルモ暴力行為等処罰ニ関スル法律ノ適用ヲ免レサルモノトス」とされた。こうした司法判断を追い風に、暴処法は積極的に活用されていった。

日本農民組合新潟連合会第三回大会（二六年九月）で「近来暴力行為処罰法を社会運動農民運動に乱用し地主を訪問して声高き談話を交したるのみにて暴力行為処罰法を乱用し」として「暴力法撤廃運動の決議」（社会局労働部『大正十五年労働運動年報』）がなされる一方で、大日本地主協会第三回大会（二七年四月）では奈良県連合会から「暴力行為等処罰に関する法律励行の件」が議題として提案され、「本会は左傾矯激の思想を排除せんことを期す」（『大阪朝日新聞』二七年四月二四日）という決議が採択された。この対極の評価は、暴処法の治安法としての運用ぶりを如実に物語る。

大原社会問題研究所『日本労働年鑑』の暴処法に対する評価をみよう。一九二六年版では、「暴力行為処罰に関する法律案に於て当局は、一面に於ては如何なる団体と雖もこの法律に抵触するものは厳重に取締る旨を宣明しつゝあるが故に、之れ又治安警察法の変形したるものなりと解するも決して偏したる見解ではないと考へられ」、「労働運動に対しては従来よりもより統制されたる圧迫の加へられしものあると観ぜざるを得まい」とする。二七年版ではもう一歩進めて、「労働運動農民運動水平運動の益々盛になるを見たる政府当局がこれ等の運動を取締る必要上制定したるものの如く、一部からは解されてゐる。（中略）同法実施後この種の運動に適用さるゝこと頗る多いのは上記の見解を裏書きするもののやうに思はれる」とする。

司法省自身の評価をみよう。施行五ヵ月後、暴処法の運用状況についての司法省談話が『読売新聞』に掲載されている（二六年九月二七日付）。「被害の事実を隠蔽せぬよう　暴力行為処罰実施の影響に就て」という見出しで、施行後、処罰すべき行為をなす者が著しく減少したという。暴処法は暴力団に「至大の打撃を与へ彼等は出来る丈け法に触れぬやう日常行動に注意を払つて居ることが窺ひ得られます」とし、さらに暴力団の解散も一八団体にのぼり、それには「本法の制定も予つて力あるものがある」とする。一般社会に向けて暴力団取締法としての性格が強調されているが、各種争議などに積極的に発動されていることには触れられていない。

二七年三月の『思想調査』第二輯では暴処法「実施成績と団体運動」をとりあげている。七ヵ月間に起訴は一〇〇件・三一五人だったとして、「警察当局は本法所定犯罪の検挙に努力して居るにも拘らず斯様な結果を示して居ることは、之等の犯罪が減少した為め」とする。これらからは各種争議に関連した事件がどの程度あったのか不明だが、「団体背景利用暴力犯罪ニ於ケル団体別一覧」をみると、全二〇団体中、「暴力団隊」が七、「労働団体」が五、「農民団体」が三、「水平団体」が二となっている。「無政府主義系」による「掠」に言及しているが、それは「其他」かもしれない。また、第二輯では治安警察法第一七条の代替という批判に対して、治安警察法と暴処法は「取締の目的を異にして居る」と反駁する。二七年一一月の大審院判決を引いて、「団体運動に際し発生した暴力事犯に対する本法の適用」の正当性も強調する。ただし、最後に「規定は非常に広汎なる範囲を包括し刑罰も相当重いものである故に之が適用に当つては被害の程度は勿論其の行為の齎した社会的影響及び犯人の悪性に注意し苛察に失せざることを要する」と慎重な運用を求めている。これは、「苛察」というほどに実際の運用がなっていることに当局者も逡巡するところがあったのかもしれない。

もう一つ司法省の内部資料『昭和二年昭和三年中に於ける思想犯罪の概況』（『思想研究資料』第一四輯、一九三一年一二月）によれば、二七年の暴処法による起訴者数は二一九人（労働争議九四人、小作争議一二三人）、二八年は五九人である。これは「思想犯罪」全体のそれぞれ二八%、一九%にあたり、「実に全数の二割五分を占め騒擾及傷害並に新聞紙法違反及出版法違反等の罪が順次に之に次いで居る」。施行直後から暴処法が積極的に発動され、思想犯罪取締の柱となっていることがわかる。

二八年四月九日付の『東京朝日新聞』に「暴力行為取締法　お門違ひの威力　社会運動にビシビシ励行」という見出しの記事が掲載される。「農民運動に伴ふ犯罪調査」に限定されているが、「犯罪数も次第に増加し来りその罪質も重くなつて来てゐる」として、「暴力行為取締法を非常に励行して居ること」に注目し、次のように記している。

本法はその制定当時の政府は、本法はいはゆる暴力団隊の取締に適用するものでこれをもつて労働運動農民運動その他社会運動の取締には極力適用を差控ふべきことを言明して居るにも拘はらず地方官憲がこの立法の趣旨をじうりん《ママ》せることである。特に現内閣成立以来各種の暴力団体所在に横行して居るのを取締官憲は動もすればこれを看過せんとするにあらざるかの疑ひを持たれる程本法の存在を忘却しながら一方労働農民運動には積極的にこれを適用してその検挙数の多きを誇示するの状さへ見ゆるといはれる。

この記事では暴処法による検挙を、二六年度は一八件・一九二人、二七年度（一〇月末現在）を一二七件・三三一人としている。その多さの理由として「地方官憲がこの立法の趣旨をじうりん《ママ》せること」とするが、その側面もあるとはいえ、内務省・司法省がその積極的な運用を慫慂している点が大きい。暴力団取締を約束して暴処法を施行した当局の食言に、「お門違い」と批判を浴びせた。

森義一『小作争議戦術』によれば、二七年度の暴処法による小作争議の検挙件数は四五件・三九二人で、小作争議関係犯罪全体の約三六％を占めるという。森は「法相の言明とは反対の、社会運動鎮圧法と化した感がある」とする。

なお、治安警察法一七条の適用は一九一〇年代後半に急増し、二〇年にピークとなった。その後、二〇年代前半は漸減傾向にあったが、二四年にやや増えて七六人の検挙を見ていた。この第一七条廃止という社会的世論の高まりに抗し切れなかったとはいえ、労働・農民・水平運動を押さえつけるための代替の法的措置の必要性は当局者にとって切実なものだった。

❸「仮借」なき運用

暴処法施行当初は議会審議中の政府説明にも配慮し、暴力団取締法のイメージを打ちだそうとしたとはいえ、実際には各種争議への発動を通じて治安法としての役割を担っていた。それは治安維持法の国内における当初の慎重な運用と重なるが、治安維持法が一九二八年の三・一五事件で本来の牙をむいたのと軌を一にして、暴処法も暴力団取締法というカムフラージュをかなぐり捨てる。

一九二八年四月二六日、内相は各府県知事宛に「暴力行為等ノ取締」について、次のような訓令を発した（「内務大臣決裁書類」一九二八年、国立公文書館所蔵）。

近時世態ノ実状ニ徴スルニ悪弊尚未ダ其ノ跡ヲ絶タザルヲ見ル即チ各種争議等ニ際シ多衆ノ威力ニ依テ強談威迫ヲ為シ或ハ事件ニ介入シテ暴行殺傷ヲ敢テスル等実力ヲ以テ事ヲ決シ去ラントスルノ事例ニ三ニシテ止マラザルナリ斯ノ如キハ国権ヲ蔑如シ立憲法治ノ精神ヲ蹂躙スルノ甚シキモノニシテ彼ノ矯激ナル思想ヲ抱持スル者ノ急進運動ノ防止ヲ要スルト同様深ク之ヲ戒メザルベカラズ各位ハ宜シク流弊ノ趨ク所ヲ察シ今後一段ノ注意ヲ払ヒ励メテ犯行ヲ未然ニ防止スルト共ニ違反者ハ仮借ナク之ヲ検挙シ以テ時弊ヲ一掃スルニ努力セラルベシ

各種争議における集団による「強談威迫」を「国権ヲ蔑如シ立憲法治ノ精神ヲ蹂躙スルノ甚シキモノ」と敵対視し、「犯行」の未然防止と「仮借」なき検挙の断行を指示している。これは新聞でも報道された。三・一五の大弾圧から一気呵成に暴処法の適用強化を図ろうとした。六月の警察部長会議でも、「暴力行為等取締ニ関スル件」として未然防止と違反者の「仮借」なき「処断」が指示された（「種村氏警察参考資料」第六巻、国立公文書館所蔵）。

暴処法の治安法としての位置づけは、刑事法学会編『改正治安維持法釈義』（一九二八年七月）の付録に「暴力行為等処罰法」が収録されていることからも明らかである。

「思想検察」の中枢を担った池田克（司法書記官）が、『現代法学全集』第四巻（一九二八年七月）に「暴力行為等処罰法」を執筆している。ここでも「所謂暴力団の存在と其の暴威とが世間の注目を引き著しき不安の感念を惹起したことは何と言っても一つの大なる社会的事実と言はねばなるまい」とするように、暴力団取締法としての性格を前面に打ち出す。ついで、「暴力行為処罰法第一条の適用範囲が自ら制限を受くるものと考へるのである。即ち暴力行為処罰法は労働組合、農民組合の運動の抑圧、団結の破壊を目指してゐるものでもなければ、労働争議や小作争議にビシビシと適用せらるべき「騙し打ち的な悪法」でもないのである」と抑制的な見解を示す。

しかし、「仮令団体其ノモノハ正当ノ目的ヲ有シ常ニ暴力行為ヲ為サズ、又ハ団体員ニ不良ノ徒ナシトスルモ其ノ威力ヲ利用シ、暴行又ハ脅迫ノ罪ヲ敢行スルトキハ其ノ行為ハ該法律第一条ニ該当スルモノト解セザルベカラズ」という大審院判決（二六年一一月二二日）を妥当な判断としたうえで、タテマエ的には労働・農民運動抑圧の法令でないとしつつ、実際には個別の事件に適用することを躊躇しない、というダブル・スタンダードの立場を鮮明にする。それは従来の司法省の見解を踏襲するものだった。実際には「労働争議や小作争議にビシビシと適用せらるべき「騙し打ち的な悪法」」となった。「仮借」なき運用を正当化し、さらに拍車をかけたのは、大審院の判決であった。すでに三・

一五事件以前に、団体の目的は正当であっても「其ノ威力ヲ利用シ、暴行又ハ脅迫ノ罪ヲ敢行スルトキ」は暴処法の適用は合法であるという判断がくだされていたが、さらに取締・処罰要件の緩和・拡張がなされていった。一九三七年の『最新大審院刑法判例集』から、その拡張ぶりをみよう。

◎数人ノ共同暴行脅迫ト多衆ノ威力

暴力行為等処罰ニ関スル法律第一条第一項ノ罪ヲ構成スルニハ必スシモ団体若クハ多衆ノ威力ヲ要スルモノニ非ス数人共同シテ刑法第二百八条第一項ノ罪ヲ犯シタルトキト雖モ同罰則ニ依リ処罰ヲ免レサルモノトス（一九二八年六月二三日）

◎暴力ヲ以テスル相手方ノ連戻ト団体ノ威力ヲ示シテ犯シタル暴行罪

団体ノ威力ヲ示シテ交渉ヲ為シタルモ相手方カ之ニ応セス逃避セントスルヲ見テ強テ交渉ヲ継続センカ為暴力ヲ以テ相手方ヲ連戻シタル行為ハ団体ノ威力ヲ示シテ暴行罪ヲ犯シタルモノニ該当ス（一九三二年四月五日）

◎**暴行ノ幇助行為**

暴行ソノモノヲ容易ナラシムル行為ノミナラス暴行実行ノ意思ヲ強固ナラシムル行為モ亦暴行ノ幇助ナリトス（一九三二年八月三日）

◎**数人カ暴行ヲ協議シ其ノ一人ヲシテ之カ実行ニ当ラシメタル場合**

苟クモ二人以上ノ者カ共同シテ暴力行為等処罰ニ関スル法律第一条第一項ノ脅迫又ハ毀棄ノ実行ヲ謀議シ而カモ自己ハ其ノ実行ニ当ラス其ノ中ノ一人ヲシテ之ニ当ラシメタル者アルニ於テハ其ノ者ハ刑法第六十条ニ依ル実行正犯ノ責ニ任スヘキモノトス（一九三二年一一月一四日）

◎**自己カ小作権又ハ占有権ヲ有スル水田ニ他人ノ植付タル稲苗ノ引抜**

其水田ニ自己カ小作権若クハ占有権ヲ有スルトスルモ稲苗カ他人ノ植付タルモノナルコトヲ知リ該水田ヲ掻廻シ稲苗ヲ引抜キタル行為ハ暴力行為等処罰ニ関スル法律第一条第一項ノ犯罪ヲ構成ス（一九三三年六月一五日）

新聞でも「大審院新判例」として報じられたことがある。三二年二月、千葉県の農民運動に対する「たとへ立法の精神がどうであらうと労働、小作争議に限り本法を適用せずとの条文がない以上は多数の威力を示して相手の生命、財産、身体に害を加へた場合は本法で処罰することは当然である」(『読売新聞』二月一三日)という判決である。「たとへ立法の精神がどうであらうと」は、被告側の「立法当時の議会で時の法相が労働争議や小作争議に本法を適用する意思がないと答弁してゐる」という主張に対する大審院の冷厳な棄却の論理であり、立法当時の議会説明を簡単に超越する。一九三〇年代前半までに労働争議・小作争議などにともなうほとんどの行動が暴処法違反と認定されるに至り、事実上、処罰を覚悟しない限り、争議などをおこせなくなった。

❹ 統計数値にみる運用の実態

内務省社会局労働部『労働運動年報』(一九二六年版〜三五年版)によれば、暴処法による労働運動・農民運動の検挙者(水平運動への適用は不明)は一九三〇年に急増し、三二年をピークに以後は減少する(表1)。

司法省刑事局「暴力行為等処罰に関する法律違反事件に関する調査」が『思想月報』第二七号(一九三六年九月)に掲載される。三一年から三五年までの五年間の統計数値で、検挙数は三五年に最高となるが、これは同年五月以降の暴力団の一斉検挙を反映する。三四年を除き、いずれも四〇〇人前後の数値である。起訴者は三二年が最も多い。地方別にみると、「専ら農民運動関係に依る違反者の多数」あった新潟県と高知県が目立つ。ただし新潟県の場合は「経常的現象」とみなせるのに対して、高知県は三三年の全国農民組合による小作争議で一五一人の起訴者があったことによる。「東京、大阪、横浜等は都会地方たる性質上労働運動等に関し違反者」が相対的

表1　暴力行為等処罰法による検挙者数（単位：人）

	労働争議関係	小作争議関係
1926年	115	192
1927年	267	392
1928年	20	213
1929年	187	209
1930年	641	487
1931年	732	428
1932年	886	522
1933年	322	402
1934年	110	99
1935年	217	254

出所：内務省社会局労働部『労働運動年報』各年版

表2　暴力行為等処罰法「処理区分件数人員表」

	処理（受理）		起訴		不起訴		中止その他	
	件数	人員	件数	人員	件数	人員	件数	人員
1931年	705	3,863	364	1,317	294	2,347	47	199
1932年	729	4,051	385	1,351	301	2,536	43	164
1933年	680	4,042	347	1,288	294	2,480	39	274
1934年	754	3,614	340	981	361	2,425	53	208
1935年	1,237	4,657	628	1,343	522	2,955	87	359

出所：『思想月報』第27号（1936年9月）

に多い（表2）。

思想犯罪（労働運動、農民運動、水平運動、反動運動、その他に分類）と非思想犯罪に関する数値が興味深い。五年間で、「総数の、件数に於て一六・二％、人員に於て二八・八％に過ぎない」とするが、人員では三一年では四八・四％を最高に、三二年で三五・四％、三三年で三五・八％と高く、思想犯罪に対して積極的に発動されたことがわかる。三四年で九・三％、三五年で一〇・六％と激減するのは、弾圧・取締の強化による社会運動の逼塞化を反映している。運動別では農民運動関係が半分強を、ついで労働運動関係が三分の一強を占める（表3）。

起訴事件中、犯罪行為別では「暴行」が最も多く、「脅迫、毀棄」を合計すると、第一条で全体の九四・二％に上る。犯罪手段では「数人共同」が全体の六四・六％に、ついで「威力」が二四・五％となる。

このように数値をあげた上で、次のように結論する。

表3　暴力行為等処罰法起訴事件の犯罪原因別人員表（単位：人）

	思想的犯罪						暴力団その他	合計
	労働	農民	水平	反動	その他	計		
1931年	240	348	25	0	25	638	679	1,317
1932年	181	219	0	14	64	478	873	1,351
1933年	141	292	0	8	20	461	827	1,288
1934年	36	31	11	2	11	91	890	981
1935年	28	64	12	9	30	143	1,200	1,343

出所：『思想月報』第27号（1936年9月）

之を要するに暴力行為法違反の数は或は社会的、経済的情勢の如何に依り、或は検察当局の検挙方針の如何に依り、又思想犯罪関係の違反に付ては思想的運動の消長に依り或は所謂其の戦術の如何に依り多少の増減はあるべしと雖も（現に思想的犯罪関係の違反者の年々減少する大勢にあることは既に述べた）之を全般的に見るときは、少くとも現在のところよりして決して減少の傾向を辿りつつあるものであると考へ得られぬ。却つて所謂社会の寄生虫的存在の増加に比例して本法の違反者も亦増加するものに非ざるやと思料せらるるのである。

ここでは今後も暴力団取締のための必要性に言及してはいるが、なによりこの統計調査が『思想月報』に掲載されたことは、暴処法が治安法的機能を過去も将来も期待されていることを示そう。

また、三二年度の司法省刑事局「暴力行為等処罰ニ関スル法律違反事件統計」ではより詳細な検挙・司法処分の状況がわかる。処理（検挙）総数は全体で七二九件・四〇五一人、そのうち「思想的犯罪」が一五五件・一一六八人である。内訳は「労働運動」五四件・四四三人、「農民運動」六四件・五二六人で、「水平」は一件・二人、「反動」は二件・一五人である。起訴の割合は「思想的犯罪」全体では九六件・四七八人で、裁判確定の状況は「思想的犯罪」の確定総人数三三〇人のうち懲役刑が一八四人（最高は「農民」の「一年以上」が二人）、罰金刑が一四三三人である（禁錮刑はなく、無罪は二人）。

思想的でない「犯罪」は五七四件・二八八三人であるが、このうち「暴力団」関係は七四件・二八二人にとどまる。「統計要旨」では、「本年度ニ於テモ本統計ヨリ帰納シ得ル結論ハ検察事務ヲ中心トスレハ捜査権発動ノ対象ハ思想的犯罪ナルモ確定裁判ヲ中心トスレハ科刑ノ対象ハ依然非思想的犯罪ナリトス」とされている（「斉藤実関係文書」、国会図書館憲政資料室所蔵）。

これらの統計数値からも暴処法の運用が、暴力団取締とともに農民運動と労働運動の抑圧取締としてなされたこと、それが三・一五事件後に加速したことは明らかであろう。

❺ 暴処法の行政警察的運用

一九三五年に刊行された思想検事長谷川瀏の『暴力行為処罰法令義解』は、他書とは異なり、「実務を主とし理論を従とした謂はゞ臨床学的の法律書」（「はしがき」）として執筆された。そこでは、「暴力掃蕩の方策は小さき鋏を用ひて樹木を枯死せしむる方法に依るのがよい。敢て其の根幹に大斧鉞を加へずとも主要なる枝葉を芟除し尽せば自ら目的を達する」として、「多衆運動の暴力化も個々の暴力的犯罪を平素より摘発禁遏して置けば未然に防止し得る」とする。「結語」では「暴力団員の如き者の為した職業的常習的犯罪が本法適用処断の対象中に少いこと」を認めたうえで、「従来の暴力行為の検挙は其の焦点が意識的に特定方面に向けられてゐたものではない。全く行き当たりばったりの検挙で、思想運動取締の結果、本法違反行為があれば序《ついで》に検挙して置く、他の犯罪の検挙を試みたが目的通り行かなかつたので止むを得ず本法を適用して置く、といふ風なものが多かつたやうである」と運用の実際を率直に語る。つまり、暴処法は思想運動取締にとって使い勝手のよい、重宝な治安法として運用されてきたのである。

さらに「思想的暴力行為」の処分結果は起訴猶予・執行猶予の割合が多く、懲役二年以上のものはほとんどないという。「多くは軽微なものであつて重く罰する必要がない」とするのは、それでも争議の鎮圧には必要十分だからである。そのことを十分に意識しながら、暴処法の運用はなされてきた。

戦後の著作となるが、関之『労働刑法概論』(一九四九年)は戦前の暴処法運用を顧みて、「本法の運用の実情は、広く労働運動や小作争議の一切に亘りこれを行っている。本法は、一般労働刑法として特に重要な地位にある。労働運動に伴う暴力的犯罪にして、本法の適用なきものは殆んどない」と記している。議会審議や公布施行当初の暴力団取締法という側面はあっさりと後景に退き、治安法としての本領を存分に発揮することになった。「騙し打ち的な悪法」となったのである。

関の見解や長谷川の「全く行き当たりばつたりの検挙で、思想運動取締の結果、本法違反行為があれば序に検挙して置く、他の犯罪の検挙を試みたが目的通り行かなかつたので止むを得ず本法を適用して置く」という運用の仕方は、暴処法が行政警察法令としての運用を本格化し、この方面からも治安法としての機能を果たしたことを意味する。労農運動抑圧の予防措置としての機能発揮である。

「行政警察参考法令」の一つとして娼妓取締規則・行政執行法・銃砲火薬類取締法などとともに暴処法が並列して位置づけられていることも（「種村氏警察参考資料」）、その間接的な証しといえる。争議などにともなう「思想犯罪」の「未然防止」がこの行政警察的運用であったが、具体的な状況は不明である。争議などでの予防検挙や予防検束にはこの暴処法違反が名目として活用されただろう。

もちろん治安維持法などに比べれば暴処法は「軽微な」治安法であったとはいえ、厳然たる思想犯罪の烙印が押されたことを、次の事例はよく物語る。「昭和七年十二月仁西村小作争議ニ参加シ処罰暴力行為等ニ関スル法律違反ニ依リ略式罰金参十円ニ処セラレタル者」が入隊するに際し、陸軍では「思想上要注意者」（「密大日記」、一九四〇年）として監視の対象にしたのである。警察から陸軍側に通報がなされていた。

一九三〇年代後半には労働運動・農民運動も逼塞化させられたために、暴処法の登場場面は少なくなる。三七年四月二一日付の『国民新聞』は、警視庁労働課・調停課の調査として「注目すべき事項」の第一に、「従来の争議に見られた様な暴力行為等労働者の強力的抗争が影を潜めた事」をあげている。暴処法をも活用した抑圧取締の厳重化により、「影」を潜めさせたのである。

戦時下においても、暴処法の運用が皆無になったわけでない。すべてが労働争議・小作争議関係ではないとはいえ、警視庁管下の検挙者数は一九四二年に七五人、四三年に三四人を数える（『警視庁統計書』各年）。また、四三年末・四四年末の在監受刑者はいずれも七四人であった（治安維持法の在監受刑者は四三年末が二三四人、四四年末が三五九人、司法省『行刑統計年報』各年）。

3 「暴力行為等処罰に関する法律」の戦後への継続

❶ 敗戦時の存続

日本の敗戦にともない、戦時下の治安法令は廃止を迫られた。一九四五年九月二五日、内閣官房は各省に「戦時法令ノ整理ニ関スル件」（「公文雑纂」、一九四五年）を問い合わせた。一〇月四日のＧＨＱ「人権指令」発令の前後、各省から回答がなされる。一〇月一日の司法省の回答は、「直チニ廃止シ難モ可及的速カニ廃止スベキモノナシ」と非常に消極的である。一三日の内務省の回答は「人権指令」で廃止を指示されたもの以外は、「直チニ廃止スベキモノ」として「言論出版集会結社等臨時取締法」などの戦時法令をあげた。いずれも「暴力行為等処罰ニ関スル法律」はあがっておらず、廃止の意向がなかったことがわかる。

「政治的・市民的・宗教的自由に対する覚書」というGHQ「人権指令」の精神からすれば、暴処法も含め、戦前治安法令は当然すべて廃止されるべきものであった。「人権指令」では「政治的・市民的・宗教的自由に対する」治安法令として治安維持法や思想犯保護観察法などが例示されているが、廃止すべき法令はそれらに「限定せられず」とされていた。日本側はこの点を意図的に見落としてサボタージュを決め込み、暴処法の存続を図った。なお、警察庁刑事局調査統計官編『判例中心　特別刑法』「暴力行為等処罰ニ関スル法律」（一九七七年）は暴処法がGHQ「人権指令」によって廃止されたという主張を「失当」と一蹴する。

四五年一一月に作成された「内務大臣答弁資料」という想定問答では、「治安警察法等廃止後ニ於ケル治安対策如何」という問に対して、政治運動・社会運動に伴って「派生致シマストコロノ不法行為ニ就キマシテハ旧来ノ法令ニ依リマシテ厳重ナル取締ヲ行フ積リデアリマス」という答が用意されていた。この「旧来ノ法令」の一つに暴処法が含まれていた。

ただし、戦後しばらくは暴処法の運用は抑制されていた。その理由として、宇佐美俊臣「「占領期」における暴力行為等処罰に関する法律の運用実態」(『刑事法学の新課題』一九七九年)は、暴処法が立法当時の暴力団取締法という「一見市民刑法的外観を呈していたこと」に加えて、「戦後「民主化」のなかで、戦前の運用に対する強い反省と警戒も求められた」ためとしている。

四五年一一月、末弘厳太郎を中心に立案された労働組合法案は、「労働組合の為にする組合員の行為について適用してならない法令として、刑法の次にわざわざ暴力法を挙げている」。また、四六年二月八日の警保局長通牒「不法行為の防止取締」では、「従来の如き「脅迫」概念を以ては之を律し得ず」と、暴力法適用の抑制を指示していた。この抑制的方針にもとづき、四七年の「二・一ゼネスト」の「暴民声明」以前、労働運動に暴処法の適用はなかった。それでも、「隠匿物資摘発運動」には発動(板橋造兵廠事件・川崎労働者市民大会事件)された(以上、宇佐美前掲論文)。

❷ 暴処法の本格的復活

警備法令研究会編『体系公安警備法規要説　警備活動指針』(一九五五年)は、暴処法の「制定の趣旨」を「当時の暴力団の横行に対処して公共の秩序を保持するために刑法の特別法として制定されたもの」としたうえで、戦後の運用について次のように記している。なお、戦前に労働争議・小作争議などに威力を発揮したことについては触れていない。

今次大戦後、従来の言論、集会等を想定していた諸法令が廃止され、大衆運動の拘束が解かれるとともに、労働組合の助成、労働者の団体行動権の保障が行われた結果として、大衆運動は次第に暴力的色彩を帯びるに至り、かくて本法は、昭和二十五年前頃までは主として違法争議行為事件に適用された。しかるにいわゆるレッドパージにより企業内の不穏分子が排除されるに伴って、一般労働組合運動は次第に健全化の方向を辿り、本法違反事件の主体は、自由労働者、朝鮮人、共産分子等の中一部不穏分子に移行するに至った。（略）

本法のかかる性格よりして、民主社会における公共の秩序保持の上においてきわめて重要な地位を占めているのである。

暴処法の本格的復活、すなわち抑制的な運用から労働運動への積極的な適用の転換点となったのは、一九四七年の「二・一ゼネスト」である。宇佐美論文はそれを詳細にあとづけたうえで、「大衆運動を抑圧するためには、起訴したり有罪判決をうることは必ずしも必要ではないのである。指導者や活動的人間を逮捕（あるいは、勾留）しさえすれば、効果があることが多いのである」と指摘する。それは戦前の暴処法運用の具体的な状況として、「多くは軽微なものであつて重く罰する必要がない」とした長谷川瀏『暴力行為処罰法令義解』の見解と照応する。

宇佐美は暴処法の本格的な復活・発動について、次のようにも指摘する。
一九四八年頃から治安政策が本格的に抑圧的になり始めると、暴力法の適用は、急速に積極的になっていった。多衆威力、暴行、脅迫等の諸概念が著しくゆるめられた。そして、暴力法に与えられた特殊な機能が、数多くの事例（政府の政策遂行に障害となるような運動が多かった）において、発揮されるようになった。（略）
暴力法の適用は、「独立」以後、ますます積極的になった。一九五〇年代から一九六〇年代へと、新受理人員、起訴人員、起訴率とも飛躍的に増大し続けた。
一九七〇年代にはいっても、これらの数はそれ程減少していない。

占領期後半は労働運動に対する「多衆威力、暴行、脅迫等」を理由とする弾圧が一挙に拡大した。「独立」以降、労働運動が「健全化」するにともない、暴処法の標的は「自由労働者、朝鮮人、共産分子等の中一部不穏分子」に向かっていった。

これに対して、暴処法を運用する側は当然ながら肯定の立場である。法務官僚・検事の長島敦は「暴力行為等処罰に関する法律の罪」（『刑事法講座』第七巻、一九五三年）において、「わが国においては、現に暴力行為等処罰法の由来をなす社会状勢は依然として緩和せられず、むしろ敗戦後のわが国において悪質の暴力行為は益々横行する社会状勢」にあるとする。そして、「本法は威力を示すこと自体を処罰するのではないから、平和的な組合運動が本法の対象とならないことはいうまでもない。それが、暴行、脅迫、器物毀棄面会強請、強談威迫等の暴力行為をともなうに至つた場合にはじめて本法の適用の可否が問題となる」とするが、この説明は、たとえば池田克の「暴力行為処罰法は労働組合、農民組合の運動の抑圧、団結の破壊を目指してゐるものでもなければ、労働争議や小作争議にビシビシと適用せらるべき「騙し打ち的な悪法」でもないのである」（『暴力行為等取締法』〔『現代法学全集』第四巻、一九二八年〕）とすっかり同じものである。

また、警察庁刑事局調査統計官編『判例中心　特別刑法』「暴力行為等処罰ニ関スル法律」（一九七七年）は、「連合軍の占領下にあって大部分いわば窒息状態にあった暴力団が、独立回復とともに勢力を取り戻し、特に昭和三二年以降、暴力団の大規模化とその活動の広域化に伴い、（略）一般市民に著しい社会不安の念を生ぜしめた」として、「暴力行為等処罰法は、その立法当初から暴力団という不良組織の対策にある」と強調する。そのうえで、「暴力行為等処罰法は労働運動・大衆運動を弾圧する目的を有するものでないことはもちろんであるけれども、具体的事案によっては本法を適用されることがあり得るのはいうまでもない」と位置づけることは、戦前における暴処法の表向きの説明と同一の論理である。

同解説は「暴力行為等処罰法は、その後約四〇年の間、改正されることもなく、刑法典の暴力犯罪に関する条規の特例を定めた司法刑法として大きな役割を果たし」たと意義づけるものの、戦前および戦後の労働運動・農民運動などの抑圧に絶大な力を発揮してきたという治安法としての性格には一顧だにしない。それは、ふたたびの「騙し打ち」の論理というべきだろう。

さらに、同解説は「その濫用は慎まなければならないのは当然としても、将来においてもこれらの運動に本法を適用すべき事犯がおおいことであろう」と予測するが、それは実際の労働運動・市民運動への抑圧取締として現在にまでおよんでいる。

(本論は二〇〇九年二月一三日、東京地方裁判所における「国労5・27臨大闘争弾圧事件」の弁護側証人としての証言をまとめたものである)

「治安維持法」と「共謀罪」
――「共謀罪」法案は現代の治安維持法――

はじめに

戦後五〇年の時に治安維持法の資料集を作りました。主に治安維持法の法案が固まっていくところの史料を集めましたが、その運用に関する史料もいくつか収録しています。運用ということになると、まずは警察の運用となりますが、思想検事の起訴段階、判決、行刑、その後の保護観察というところも見ていく必要があります。

治安維持法は一九二五年に制定、一九四五年に廃止されました。たかだか二〇年の運用です。しかし、「悪法」というイメージ、記憶はずっと定着をして継承されてきています。私は今年度（二〇一七年）の大学入試センターの監督をしておりましたが、今年度のセンター試験「日本史」に「国体の精華」に関連しての設問がありました。次の選択肢のなかから正しいものを選択するという問題ですが、おわかりになりますか。

①陸軍省は『国体の本義』を刊行して、国民に向けて国体の尊厳を説いた。
②治安維持法は、国体の変革と共産主義否認を目的とする結社を禁止した。
③田中義一内閣は治安維持法を改正し、最高刑を死刑へと引き上げた。
④ポツダム宣言には国体護持を保証する条件が記されていた。

正解は③になりますが、どのくらいの正解率だったのか興味深いところです。①は陸軍省ではなく、文部省です。②「共産主義否認」ではなく「私有財産制度の否認」、④は国体護持を保証するかどうかをあいまいにしていました。受験生には知識としてですが、こうした近現代史の分野で出題されれば、治安維持法についても学ぶことになります。

また、小学生向けということで調べてみると、ネット上に小学生向け『ニューワイド学習百科事典』（学研）に「ちあんいじほう【治安維持法】」の項目がありました。次のように解説されています。

一九二五（大正一四）年、社会主義《しゅぎ》運動や労働《ろうどう》運動をとりしまるために制定された法律。天皇《てんのう》を中心とする国家体制や私有財産制度《しゆうざいさんせいど》を否定するすべての結社や行動を禁止《きんし》。のち、一九二八（昭和三）年には処罰《しょばつ》に死刑《しけい》がくわわり、労農《ろうのう》運動や自由主義《しゅぎ》者の弾圧《だんあつ》にも利用されるようになった。悪法《あくほう》として名高く、戦後《せんご》すぐの一九四五（昭和二〇）

年に廃止《はいし》された。

悪法の歴史がこのように学ばれ、継承されています。

三年前、特定秘密保護法制定時の反対運動が秋から広がり、国会を取り巻く運動になりました。その時に「秘密保護法は現代の治安維持法」のアピールが多くの人に響いたと思います。厳密にいえば、特定秘密保護法は軍機保護法に相当します。軍機保護法は日露戦争を前に制定され、「露探」とされたスパイ防止に適用されましたが、一九二〇年代にはほとんど冬眠状態となっていました。それが日中戦争の本格化する一九三七年に突如として復活し、大改正され、国民の防諜観念の引締めに使われました。そうした国民を抑圧監視した治安法という類推で、「秘密保護法は現代の治安維持法」というアピールが反対運動の高まりに効果的でした。かつて一九五二年に破壊活動防止法が制定されるとき、「治安維持法の再来」が叫ばれ、大きな反対運動を巻き起こす要因になりました。

しかし、今度の「共謀罪」法案こそ、「現代の治安維持法」に相当するといわざるをえません。厳密にいえば、治安維持法と「共謀罪」法案は法の目的＝法益からいうと違います。しかし、問題は「共謀罪」法案が実際にどのように運用されるか、という点にあります。条文が恣意的に拡張解釈されて、市民運動・労働運動の抑圧取締に活用されることが十分に予想されることに、治安維持法の運用との共通性があります。四度目の提案となる今回の「共謀罪」法案は、対象犯罪を二七七に絞ったと言いますが、それはあらゆるジャンルにわたっていますので、治安維持法がそうであったように際限なき拡張解釈がされていくことが考えられます。

1　その際限なき拡張解釈の運用

日中戦争が長期化・泥沼化していく一九三〇年代後半以降になりますと、取締当局側が戦争遂行の障害とみなした運動や思想・信仰が治安維持法の名の下に弾圧されていきます。例えば、最近新しい資料も発見されましたが、北海道を中心に「生活綴方運動」「生活図画運動」事件が起こりました。これは児童たちに綴方や図画を通じて社会を見つめさせるという教育実践ですが、こういう教育運動をした国語や図画の先生が治安維持法違反という形でひっかけられ、長い獄中生活を強いられ、教壇からも追われました。このような「国体」変革と関わるとは到底考えられない戦時下のささやかな運動が断罪されていったように、今回の共謀罪がそういう形で展開していくのではないかと、多くの人々が恐れを抱いていると思います。

家永三郎さんが『太平洋戦争』（一九六八年、その後増補版）という本を書かれました。家永先生は新潟高校の先生として教え子を戦場に送ったという大きな悔いから戦後、古代史のご専門にとどまらず、通史として現代史までを研究対象とされました。また、一人で教科書を書かれるというお仕事をされて、そこから教科書裁判にも展開されていきました。『太平洋戦争』では「第一編　戦争はどうして阻止できなかったのか」という問題を立てられて、二つの面から論じられています。その第二章は「戦争に対する批判的否定的意識の形成抑止」で、まず「1　治安立法による表現の自由の抑圧」となります。「治安立法」は治安維持法を筆頭とし、基軸としますが、それ以外に出版関係などの取締法もあります。また、二～三人で話をしている「流言蜚語」を取り締まる場合、さすがに治安維持法を適用するのは大げさですので、これらの取締のためには言論集会出版結社等臨時取締法という、対米英戦争が始まった直後に作られた法律が活用されました。そういうものが治安維持法を基軸に重層的に配置されることで、「表現の自由の抑圧」がなされ、「批判的否定的意識」の形成が抑制されたと、家永さんは説明をされます。

もうひとつは「2　公教育の権力統制による国民意識の画一化」、いわゆる「少国民」の育成です。「軍国少年」、「軍国少女」をつくっていきました。一五年戦争は一九三一年から一九四五年までと数えますが、一九三一年に物心のついた人＝四、五歳の人がちょうど敗戦時に二〇歳です。その上の大人の世代はいわゆる大正デモクラシーの自由主義的な空気をいくぶんかは吸っており、少しは平和という時代の感覚を持っていたのですが、「満洲事変」以降に公教育を受けた子どもたちは、戦争の時代をずっと生きてきたわけですから、平和の時代ということがわからない。ですから、純粋培養的に「軍国少年」、「軍国少女」ができるということになります。

戦意や敵愾心を最後まで一番強くもっていたのは、「少国民」の世代です。中高年の、特に男性の場合、軍需工場に行っても原料が入ってこなければ生産もできなくなってくるという状況を身をもって体験していますから、その人たちは「これでは戦争はだめだ」ということを比較的早くから感じている。しかし、「軍国少年」、「軍国少女」の場合はそのまま敗戦まで戦意を強く持ちつづけることになりました。

2 治安維持法の拡張の歴史

❶ 前史：過激社会運動取締法案から治安維持令へ

治安維持法には、まず前史があります。国外ではロシア革命、国内では米騒動という形で、「冬の時代」と呼ばれていた一九一〇年代の後半に社会運動が復興してまいります。欧米各国でもそれぞれの社会主義運動の高まりを抑えるために、こうした取締法ができてきていました。それらを日本は学んで、過激社会運動取締法案を作ります。一九二〇年ごろからこの法案の準備の作業は進み、二二年に議会に提出されます。ところが、これは「過激」とはどういうものか、「社会主義」は、あるいは「宣伝」は、というひとつひとつの用語について非常にあいまいであるということが議会での審議を通じて大問題となり、議会外でもおおきな反対運動になって、結局廃案になります。

それでも当局が立案作業をつづけるなか、関東大震災が起こります。このどさくさまぎれに、緊急勅令として出されたのが治安維持令です。一九二三年九月です。しかし、これはどさくさまぎれにつくったものですから、実際には運用しづらくダメだということになり、あらためて本格的な治安法を作ろうということになります。

新たな状況も生まれていました。ひとつは普通選挙の成立が確実になったこと、もうひとつは日ソの国交成立です。これらと密接に関わって治安法をつくろうということとなり、治安維持法ができてくるのです。この時にはわずか七条でした。

第一条は「国体を変革し、または私有財産制度を否認することを目的として結社を組織し、または情を知りてこれに加入したものは一〇年以下の懲役または禁錮に処す」という形になっています。議会外での反対運動は再び盛り上がりましたが、議会内の反対派は少数となり、治安維持法は成立しました。もう少し政府側の説明を詳しくみましょう。

この時（一九二五年）は護憲三派内閣という政党内閣の時代で、内務大臣は若槻礼次郎です。若槻は「処罰を「国体」変革や「私有財産制度」否認の目的に絞り……」と言っています。今から考えると「国体」はその茫漠さでなんでも吸い込んでしまう魔力をもつ言葉となったのですが、当時において「国体」と「私有財産制度」を用いることで曖昧さは払拭されて、ほぼこれで取締対象は限定されたと多くの人は受け止めてしまいました。本来は「国体」という法律用語にはなじまないような概念が条文にはいってきたのですが、すでに魔力を発揮していたというべきか、この言葉は、たとえば「過激」であるとか「社会主義」とか、「共産主義」に比べてより厳密なのだという説明が一定程度の理解を得たということになります。さらに若槻は処罰を「国体」変革や「私有財産制度」否認の目的に絞り、「健全な無産運動」を対象としないと説明しています。だれが、何が「健全」であるかを判断するのは当局側からですから、それは縛りにはなっていませんが、そこは追及されませんでした。

もう一人、小川平吉という司法大臣が答弁に立ちます。政友会の党人政治家でした。小川は次のように説明します。

国家社会の根本の点から、例えて申せば是がずっと一番奥の院に据って居るところが国体である、それから又其次の次の間でも宜しうございます、玄関の次の間位に居る奴が私有財産制度と云う、余程此区別がありますけれども、両者何れも非常に大切であって、国の為に社会の為に之を壊す方に近付いて来ては困る、故に之を玄関まで来ない中に、庭まで来ない中に、門前に於て喰い止めようと云うのが本来の趣意なんで、……ずっと其予備の又予備のようなものまでも処罰しようと云う是は非常に特別な立法であります、故に之を門前で喰い止める、即ち唯人と相談したとか、やれ煽動したとか、誠に予備の又予備のようなことでありまするが、それに大変重い刑罰を科すると云う訳であります。

その後の治安維持法の運用はまさにこの説明のとおりで、小川平吉が予告していたとおりに「予備の又予備のようなこと」までに処罰が広がりました。

最初に国内で治安維持法が適用されたのは、京都学連事件という学生運動です。これは実は第一条ではなく、第二条の「私有財産制度」否認の「協議罪」が適用され、禁錮刑でした。

本格的な適用は皆さんもご存じのように一九二八年のいわゆる三・一五事件で、非合法の共産党の存在を当局がスパイを通じてつかみ、全国で約一六〇〇人を一斉検挙した事件です。これをきっかけにして治安体制は格段に拡充をしていきます。一つは特高警察が全国の各府県に設けられ、思想検事の設置も本格化する。また、治安維持法が「改正」されて、最高刑が死刑まで引き上げられることになります。それまで「国体」変革と「私有財産制度」否認は、条文上は並列になっていました。「改正」では第一条が二つにわかれ、「国体」変革が第一項となり、これが死刑まで引き上げられました。第二項のほうの「私有財産制度」の否認はそのまま一〇年となります。いずれも懲役刑と禁錮刑の選択刑ですが、実際にはその後ほとんど適用されるのは懲役刑でした。懲らしめの刑＝国体にはむかう輩という意識です。

この「改正」では新たに結社の「目的遂行のためにする行為」が加わりました。この「目的遂行」の導入はそれほど意識的に官僚が入れたという形跡はみられないのですが、結果的にこれを入れたのはものすごく治安維持法の拡張解釈に功を奏しました。

❷ 一九三〇年代前半の運用

一九三〇年代前半の治安維持法の運用をみるにあたり、内務省警保局の官僚である木下英一が書いた特高の参考書『特高法令の新研究』（一九三二年）という本があります。そこには、次のように書かれています。

> 一般に法令の解釈に当つては立法の趣意を重要視すると共に法の正条に表示された文理を尊重する事が必要であるが、更に眼まぐるしい社会運動を其の対象とする特高法令にあつては前記一般原則を以て満足せず、特に社会運動の動向を適確に把握し法の蔵する弾力性を筒一杯活用し、以て社会運動に節度を与へてその健全な発達を促し、社会運動の目図する社会運動に秩序あらしめねばならぬ。

さらに治安維持法を「至れり尽くせりのこの重要法令」とも言っています。いかに特高が治安維持法を重宝に考え、「法の蔵する弾力性を筒一杯活用し」とあるように、最大限の拡張解釈による適用を推奨していることがわかります。

これとも関連しますが、治安維持法の運用の特色は、本来想定される司法警察（検挙、送検、判決）の領域以上に、行政警察的運用な運用がおこなわれたことです。つまり、警察限りでの治安維持法容疑を名とする検束・勾留、そして訓戒後の釈放が日常的におこなわれました。そこでは、「国体」に歯向かう輩という「強制的道徳律」としての威力が十分に発揮されました。

「表4　国内における治安維持法の適用状況」をみます。トータルで言うと、約七万人弱が検挙者数となりますが、これはあくまで国内限りの人員です。検察に送検されて司法処分が決定されますが、起訴率は検挙者のほぼ一割弱です。一九四五年の統計では九七％であり、検挙されればほとんど起訴までいったことになります。起訴猶予のほか、一時期、留保処分という制度が設けられました。これは「転向」政策として思想検事たちが編み出したもので、起訴でも起訴猶予でもなく六ヵ月間において司法処分を「留保」する、つまり「転向」すれば起訴猶予とする、そういう宙ぶらりんの状態をつくって「転向」を促進するというやり方です。とくに一九三三年ではピークを迎えます。

この表は国内についてのもので、警察の統計書などに載ってくる公式の統計を集計したものです。統計に数えられない検挙や検束、勾留などが背後に存在しています。戦前の思想事件において、自分がどの罪で検挙されたのかすらわからない状態での検挙が多くを占めたと推測しています。つまり、約七万人弱の公式の検挙者数の外側に、もっと数倍におよぶ検挙、検束・勾留された人たちがいただろうと想像します。それが行政警察的な運用ということです。その場合は、検事局に送検されずに、警察段階で釈放されるということになります。しかし、十分に萎縮効果、つまり運動からの離脱や思想「転向」という効果を発揮しました。

検挙人員に対する送局率をも

表4　国内における治安維持法の適用状況

西暦	検挙数	起訴（起訴率）	起訴猶予	留保処分
1928	3,426	525（15%）	16	－
1929	4,942	339（7%）	27	－
1930	6,124	461（8%）	292	－
1931	10,422	307（3%）	454	67
1932	13,938	646（5%）	774	717
1933	14,622	1,285（9%）	1,474	1,016
1934	3,994	496（12%）	831	626
1935	1,785	113（6%）	269	186
1936	2,067	158（8%）	328	56
1937	1,313	210（16%）	302	－
1938	982	240（24%）	382	－
1939	722	388（54%）	440	－
1940	817	229（28%）	315	－
1941	1,212	236（19%）	355	－
1942	698	339（49%）	548	－
1943	600	224（37%）	310	－
1944	501	248（50%）	160	－
1945（5月まで）	109	106（97%）	39	－
合計	68,274	6,550（10%）	7,316	2,668

1928年から36年までは、『治安維持法関係資料集』第2巻より、1937年から45年5月までは、同第4巻より作成。

う少し詳しくみると、最初の数年間は七%~一五%(一九二九~一九三二年)で、起訴率は三%~七%でしたが、その後は段々下がり、警察限りの検挙・検束が多用されました。二八年の「改正」で加えられた目的遂行罪をみると、二八年で二〇・五%、三〇年に六一・七%(起訴者中の割合)に適用されました。

「国体」変革の結社とみなされたのは、当初、日本共産党と日本共産青年同盟という二つでした。プロレタリア文学運動、演劇運動、美術運動など、また救援会の運動がありましたが、これらの外廓運動の検挙にあたってはみな目的遂行罪を適用しました。そして、一九三二年末には、新たに日本労働組合全国協議会=全協、当時の労働運動の左派にあたるものですが、これも「国体」変革の結社と当局が認定をするようになりました。

目的遂行罪の判例として三〇年一一月、『無産者新聞』を配布した行為が大審院で確定すると、この適用がどんどん広がっていきました。若槻内相は二五年の議会審議で「「国体」変革という目的がはっきりしている共産党員を処罰する」もので、それ以外には適用しないという説明をしていたのですが、三一年五月の大審院判決ではそれをあっさりと転換し、共産党に対する認識だけで十分で、「一切の目的遂行行為」を処罰対象とするようになりました。三〇年代後半以降には、「コミンテルン」の存在の認識如何も焦点となります。かなり先の横浜事件のときもそうですが、警察では一〇数項目の取調べ項目のなかで、共産党の存在を認識しているか、コミンテルンの存在を認識しているかという二つの点を重点的にあつかいました。「確かにそういうものがあったのは知っていました」というだけで、治安維持法違反を問うのに十分ということになります。横浜事件被告とされた中央公論編集者の木村亨さんが編集活動をするのも、「究極的に」共産党やコミンテルンなどに「資する」行為とされました。

思想検事の戸沢重雄（拙著『思想検事』岩波新書参照）は「共産主義犯罪者は「結核菌」、「バチルス」」という表現を使っています。その根絶のためには、その保菌者を「健全な社会から永く隔離して置く」＝予防拘禁という発想が生まれます。

❸ 一九三〇年代後半の運用

治安維持法は一九二八年と一九四一年の二度「改正」を経て、変貌を遂げていきますが、その間に一九三四年と三五年の二回、改正案が議会に提出されていました。いずれも、議会の解散などの不可抗力で廃案になってしまいました。二回目の廃案になったあと、深谷成司編『改正治安維持法法案　現行治安維持法解説』（三五年七月）という本が出ます。「改正」法案が通過するものという前提で、この本を準備していたのです。ところが、廃案になっても構わず出版しています。その事情を「序」で「其業就ラズト雖、今後ニ於ケル此種事案ノ取扱並ニ法令ノ運用ハ専ラ改正法案ノ趣旨ニ準拠セラルベキコト」と述べていますが、こうした強引な解釈には驚きます。こうして三〇年代半ばの二度の「改正」案をステップとして、一九三〇年代後半にはさらなる拡張運用の展開をみます。

ここでも、特高の治安維持法観をみてみます。法の遵法性の無視が露わです。大阪府特高課で身内の教育資料として作成した「最近に於ける共産主義運動の動向と其の危険性」（三七年三月）には、次のような一節があります。

共産主義運動の取締に当りては、日独防共協定締結の趣旨をも考慮し国家的大乗的見地に立ち、更に一層積極的熱意を以て査察内偵に努め取締の徹底を期し、些々たる法的技術に捉はれず現存法規の全的活用を図り法の精神を掬みて其の適用を強化拡張し、苟くも共産主義を基調とする運動なるを確認するに於ては、非合法は勿論、仮令表面合法たりとも仮借なく断乎制圧を加へ、以て斯の種運動を我国より一掃せんことを期すべきなり。

このように「現存法規の全的活用を図り法の精神を掬みて其の適用を強化拡張し」とあるように、「共産主義運動」とみなす領域をどんどんと拡大していきます。実際には共産党の組織的運動はほぼ一九三五年までに弾圧されつくされているのですが。

日中戦争が長期化・泥沼化する三〇年代後半には、厭戦的気分や「大衆ノ意識」が特高の監視下に置かれました。これに憲兵も本格的に加わってきます。

共産主義の「温床」とみなした自由主義や民主主義への抑圧取締、大本教・天理教・無教会派キリスト者などの宗教者への弾圧も、治安維持法の名の下におこなわれていきます。先ほどの大阪府特高課の文書にあった「些々《ささ》たる法的技術に捉はれず」とは、いわゆる拷問やたらい回しをお構いなしに是認するということです。

特高警察の方は無頓着といえますが、法の厳密性を貴ぶと自負する司法官僚、検事たちはそれでも三〇年代後半の運用の拡張はぎりぎりの段階に来ていると考えはじめました。さすがに起訴して裁判に持ち込むとなると、あまりにも拡大解釈するのはどうかと躊躇するようになったようです。

❹ 一九四一年の治安維持法「大改正」

思想検事のエース池田克は『治安維持法』（『新法学全集』三九年六月）のなかで、「其の適用範囲は年毎に拡大され来たり、今や解釈運用の限界点に到達し」と自認しています。また一九四〇年五月の思想実務家会同において、思想検事は口々に運用の苦労を強調しました。「無理に有らゆる方面から証拠を蒐集して」、「治安維持法の解釈を最大限度に拡張して、辛うじて時代の要求に応じて居る状態」などと述べて、拡張解釈することの居心地の悪さを訴えます。その解決の方策として具体化するのが治安維持法の大幅な「改正」で、条文を現状の運用にあわせて「改正」し、時代の要求にあわせようと考えました。

そして、四一年二月、「改正」案は議会に提出され、三月には無修正で成立しました。「委員間ニ殆ド異論ヲ見ナカツタ」と言われています。二五年の制定時には七条だったものが、今度は六〇条ほどに増えます。その「改正」の内容においても、新治安維持法と呼ぶに値するものです。

第二章は「刑事手続」です。新治安維持法やつづく国防保安法などは三審制ではなく、控訴審をなしにして大審院にいくという二審制となるほか、弁護士の制限や手続きの簡素化などが規定されました。

第三章は「予防拘禁」の規定です。一九四〇年ごろから、共産党指導者のなかで懲役一〇年の刑を科されても非転向で出所してくる人たちがでてきます。その人たちは運動を展開する余地はなくなっているのですが、その存在を社会に野放しにするのは危険と考えて、依然として共産主義思想を持っているというだけで予防拘禁してしまう、処罰体系を逸脱した制度をつくったわけです。

予防拘禁は社会から隔離しておくことと、思想を入れ替えさせて日本精神に立ち返らせるという二つの目的を有していました。これは朝鮮でも民族独立の思想を捨てない人々を対象に、日本国内よりも少し先行して実施しました。国内の場合、共産主義者が大部分でしたが、宗教者もいました。二年ごとの更新が繰りかえされ、拘禁されつづけても非転向のまま、敗戦後に釈放されるまで、一七人が収容されていました。

肝心の第一章は「罪」です。それまで「国体」変革の結社とされていたのは共産党と共産青年同盟、全協の三つで、それらの外廓運動の取締は目的遂行罪でなされていました。それを新治安維持法では大幅に拡張し、「国体」変革結社の外側に第二条で「支援結社」を、第三条で「準備結社」を、さらに第四条で「集団」を加えました。つまり、何層もの構えにしたということです。しかも、それぞれに目的遂行罪がついているのです。およそ考えられる可能性のすべてを網羅しています。

「集団」では「結社性ヲ認メ得ル読書会、研究会ノ如ク集会宣伝啓蒙等ノ方法ニ依リ党的機運ノ醸成ニ努ムルト共ニ共産主義者ヲ養成結集シテ党再建ニ資スルガ如キ行為ヲ担当セルモノヲモ包含スル趣旨」とされますから、それは地表にでてきたものだけではなくて、地表の下にある根っこの部分、反・非「国体」的言動をもえぐりだそうとするものといえます。

新治安維持法の成立後、その施行を前に臨時思想実務家会同（四一年四月）が開催されました。そこで、名古屋控訴院検事は「法益及現状の重大並立法理由に鑑み検挙は　１　最高度の早期検挙を断行し……　４　犯罪をして常に最高限度未遂の域を超さゞらしめ　５　人

権を極力尊重し　……　7　一網打尽以て抜本塞源の実績を挙ぐることを要諦とす」と発言します。「最高度の早期検挙」、「最高限度未遂の域を超さゞらしめ」、「一網打尽以て抜本塞源の実績を挙ぐること」とは、新治安維持法がどのように運用されていくかをよく示しています。横浜事件のように、生活主義教育運動事件のように、この運用方針は実際におこなわれていきました。それにしても、このなかに「人権を極力尊重し」とあるのは最悪の冗談というほかありません。

❺ 敗戦後の治安維持法の存続

敗戦後、内務省は「社会運動ノ取締方針ニ関スル件」を決定しますが、そこには「社会ニ対シテハ国家存立ノ根本タル我ガ国体ニ反スルガ如キモノニツキ之ヲ取締ルモノトス」とありました。治安維持法の運用に関していえば、「国体」変革の支援結社・準備結社・集団、宣伝までを対象とすることは変わらず、わずかに新たな宗教結社・集団への適用と新たな「予防拘禁」の実施は控える程度の軌道修正をおこないました。

実際には、八月一五日以降、あらたな治安維持法事件の立件化は見当たりません。おそらくすでにできがたい状況になっていたのではないか。特高警察も思想検察も、治安維持法も失速状態となり、「国体」の魔力が消失しつつあったといえます。大事なことは、敗戦という事態に、取締当局は治安維持法を手放そうとしなかったことです。むしろ、軍隊の消滅を視野に、自らの出番として治安体制の維持に全力をあげました。

一〇月四日、GHQはその日本側の姿勢に業を煮やして、占領方針の第一にある「民主化」の遂行のためにその障害となる特高警察の廃止、治安維持法の廃止を「人権指令」によって踏み切りました。日本側はしぶしぶと従っていくことになります。

3　侵略と治安維持法

治安維持法は国内だけでなく、植民地、かいらい国家、占領地域でも施行・運用されていました。しかも、それは国内以上により過酷におこなわれていたのです。

❶ 朝鮮における治安維持法の運用

朝鮮における治安維持法による総検挙者数は二万三四五五人（一九四三年六月まで）で、起訴率は三〇％（日本国内では一〇％）となります。これだけでも、朝鮮において苛酷に治安維持法が運用されていたことがわかります。水野直樹さんの「治安維持法による死刑判決――朝鮮における弾圧の実態」（『治安維持法と現代』第二八号、二〇一四年秋季）をみますと、その「植民地的特徴」として、「1 勅令による施行 2 植民地独立を目的とする運動への適用」をあげています。「植民地独立」とは、「帝国領土の僭竊《せんせつ》」は天皇統治権を縮小することであり、「国体」変革にあたるとされました。次に「3 中国で活動する朝鮮人（「帝国臣民」）への適用」については、後で述べます。「4 重い量刑、多くの死刑判決」はあとで触れることとし、「5 「転向」基準の厳重さ」をみます。これは民族独立運動の活動家に「民族意識の放棄」を迫るだけでなく、「「日本精神の体得と実践」の証明」までを要求したということです。

治安維持法の運用にあたり、国内では小林多喜二をはじめ拷問によって殺された人は何十人といるわけですが、国内の裁判では死刑判決は出ていません。共産党最高指導者であっても無期懲役です。それはいつか「真の日本人」に立ち返るという「転向」の可能性があるとみていたからと思われます。しかし、朝鮮においては容赦なく死刑判決を適用しています。

水野さんは治安維持法のみの死刑判決があることを指摘されています。第五次間島《かんど》共産党事件の被告周現甲《チュヒョンカプ》で、一九三〇年一〇月に検挙されました。朝鮮共産党満洲総局に加入後、中国共産党に加入したとして、三三年一二月の京城地方法院で「中国共産党の役員として目的達成の為種々画策狂奔し」たとされて死刑判決を受けました。これは今のところ唯一の事例で、多くは民族独立運動のなかでの放火や強奪、殺人などを引起したとして、刑法犯との併合罪となります。その死刑判決は少なくとも四八人と推測されています。「6「大和塾」（家族も収容）」は思想犯保護観察所が設置された七ヵ所に、生計確保と「転向」監視のために設けられました。最後に「予防拘禁制度の先行実施」で、日本国内よりも一ヵ月早く始まります。朝鮮の予防拘禁所への収容者は八九人でした。

このような「植民地的特徴」を指摘されたうえで、水野さんは「朝鮮における独立運動、共産主義運動が武装闘争の色合いを帯びることが多く、それを抑えるために日本当局が強硬な手段をとり、厳しく処罰することになった」と述べておられます。

❷満洲（中国東北部）における治安維持法の運用

国内における治安維持法の最初の適用は一九二五年から二六年にかけての京都学連事件ですが、それよりもかなり早く、治安維持法の施行後まもなくの二五年八月に「間島」（現在の中国・吉林省延辺朝鮮族自治州）において治安維持法の最初の発動があったと考えています。「電拳団事件」と呼ばれるもので、外務省警察（間島総領事館警察署）による検挙です。外務省警察とは領事館警察とも呼ばれ、日本が中国に対する不平等条約として獲得した領事裁判権を強引に拡張して領事警察権を既成事実化し、在留日本人の「保護」と権益「保護」を名目に各地の領事館に設置していたものです。警察官は外務省の所属です。「間島」地方においては､「日本人」であるとして朝鮮人の民族独立運動の弾圧と取締が最大の目的でした。『外務省警察史』には、二五年八月二七日、龍井村の「電拳団事件」として「日韓併合記念日ヲ期シ、龍井村ニ於テ不良学生等ハ共産主義的結社ヲ組織シ、過激行動ヲ企テ居リタルヲ探知シ、十六名ヲ検挙ス」と記載されています。この事件は朝鮮民族独立運動の組織を狙い撃ちにしたものです。これに先立ち､六月二一日､学生と先生の間で「電拳団」というグループが結成されました。「一、我等ハ現社会ノ不合理ナル一切ノ制度ヲ破壊シ、大衆本位ナル歴史的必然ノ新社会建設ヲ目標トス　二、我革命事業ニ障害ヲ与へ、民衆ニ害毒ヲ与フル者等ヲ根本的ニ直接撲滅センコトヲ盟約ス」という「綱領」にあるように、同地域の親日朝鮮人団体「光明会」の「直接撲滅」をめざした団体だったようです。この「綱領」を持つ団体だったことが、施行されたばかりの治安維持法の適用につながったはずです。

八月は朝鮮が併合された月ですが、その時に併合反対のビラを「電拳団」が配ったとして治安維持法が発動されました。間島領事館警察署では自分たちが治安維持法発動の第一号となったという意識は乏しく、施行されたから使ってみようということだったようです。取調べの結果、訴追四人、「朝鮮警察機関引継」五人、残りは「放遣」となりました。この訴追された四人が治安維持法違反とされたものと思われます。

翌二六年五月、間島総領事館警察部で管下の警察署長・分署長を集め、事務打合会議を開きました。そこで末松吉次警察部長は「治安維持法適用ニ就テ」(『外務省警察史』第二三巻)、次のように訓示します。

国体ヲ変革シ、又ハ私有財産制度ヲ否認スルコトヲ目的トシテ結社ヲ組織シ、又ハ此目的ヲ以テ騒擾暴行セントスル犯罪ヲ煽動シタル者等ニ対シテハ、治安維持法ノ実施ニ依リ根拠アル取締ヲ為シ得ルコトト成レリ、本法ニ依ル犯罪ハ主トシテ共産主義的思想ノ実行犯ニシテ、土地柄非常ニ警戒ヲ要スルモノアリ、現ニ本館警察署ニ於テ検挙シタル電拳団一派ハ本法ニ依リ初メテ処分セラレタルモノナリ、近時一般ニ共産主義的傾向ハ漸ク浸潤シ来リツツアルヲ看取シ得ラル故ニ、一層厳密ナル査察警戒ヲ望ム、之ガ適用ニ関シテハ慎重ノ考慮ヲ為シ、一般ニ特別予防ノ目的ヲ達スルコトニモ努力セラレ度シ

ここで、「電拳団事件」が治安維持法適用第一号であったことが自認されました。大連や旅順のある関東州を日本は関東庁をおいて実質的に支配し、南満洲鉄道沿線には権益と在留日本人の「保護」を名目に関東軍がおかれていました。これらの地域には領事館警察のほか、関東庁警察、そして関東憲兵隊が配属されていました。

関東庁警察によって、一九二七年七月、中国共産党の大連地方委員会書記の鄧和高ら一七人が検挙され、大連地方法院で「最高禁錮一〇年、最低懲役三年」の判決が出されました。

中国共産党に治安維持法が適用された理由は、日本統治下の関東州において、「秘密結社ヲ組織シ、私有財産制度ヲ否認シ、社会組織ヲ変革シ、一切ノ政権ヲ労動《ママ》者農民等ノ手ニ収メントシ」と認定されたからです。

また、やはり関東庁警察による在満日本人共産主義関係の治安維持法事件も四件おこっています。そのうち、二八年一二月の「ケルン協議会事件」では一八人が検挙され、七人が二年以下の懲役（執行猶予五年）という判決でした。さらに、三一年一〇月、「日本共産党満洲地方事務局事件」で三四人が検挙され、一八人が起訴されています。

「満洲事変」後も、領事館警察によって反満抗日運動に対して治安維持法が発動されます。三四年四月から六月にかけて、ハルビン総領事館警察署は中国共産党満洲省委員会に対する弾圧により、四四人を検挙しました。『外務省警察史』は「従来判明シ居ラザリシ内幕ヲ暴露シ、満洲ニ於ケル共産党機構ニ致命的打撃ヲ与ヘ、且将来之ガ弾圧取締ニ資スル処大ナルモノアリタリ」と記述しています。

上海でも治安維持法が適用されています。上海には亡命政府ができるなど、朝鮮民族独立運動の拠点の一つでした。すでに一九二〇年代半ばには上海総領事館警察署における特高警察機能の整備が本格化していました。二八年には治安維持法違反として五人が、二九年には一一人が、三〇年には一一人が検挙されています。このうち、二九年七月に検挙された呂運亭の場合をみると、上海から長崎経由で朝鮮に送致され、三〇年六月に京城覆審法院で懲役三年の判決を受けています。

❸ 「満洲国」の治安維持法

関東軍を実権者として建国されたかいらい国家「満洲国」は、一九三二年九月、反満抗日運動を取り締まるために、「暫行懲治叛徒法」と「暫行懲治盗匪法」を発布・施行します。「叛徒法」の第一条には「国憲ヲ紊乱シ、国家存立ノ基礎ヲ急殆若ハ衰退セシムル目的ヲ以テ結社ヲ組織シタル者」のうち「首魁ハ死刑」と規定されました。「叛徒法」は形式的ながら裁判にかけます。「満洲国」は「法治国家」を謳いましたので、こうした法にもとづく処分という形式を整えました。

「叛徒法」適用事件として、関東憲兵隊を中心とする三八年の「満洲国」三・一五事件があげられます。チャムス憲兵隊富錦分隊の成井昇は、戦後の撫順戦犯管理所において「三八年三月一五日、チャムス憲兵隊は湯原一帯で中国共産党吉東省委員会、すなわち北満省委員会に対して、大がかりな鎮圧と逮捕をおこない、あわせて約三〇〇名の中国共産党員および抗日工作員を逮捕投獄した。……四ヵ月半の監禁ののち、チャムス憲兵隊長児島正範の命令にしたがって、私と山崎軍曹は前記五名の中国共産党員をハルピンの石井細菌部隊に送り、虐殺にいたらしめた」と供述しています（五四年一〇月）。関東憲兵隊は二八年のあの三・一五事件を念頭に、この日を期して一斉検挙をおこなったのです。一〇八人が検事局へ送致され、一〇三人が暫行懲治叛徒法違反で起訴されました。高等法院の判決では八九人が有罪とされ、そのうち五人は死刑でした。

一九三〇年代を通じた反満抗日運動の取締では、「叛徒法」よりも「盗匪法」が多用されました。反満抗日運動の武力討伐において、降伏し捕獲した「共匪」「匪賊」を「臨陣格殺」「裁量措置」という最高指揮官による緊急措置として、現地で即決処分＝射殺することが認められていたのです。

「満洲国」における反満抗日運動取締の中心は関東憲兵隊でしたが、「満洲国」に出向した日本の司法官僚も大きな役割を果しています。四一年七月、東京での思想実務家会同に参列したハルビン高等検察庁の真田康平は「共産軍に対する討伐は主として武力に依るを要しますが党に対する討伐は政治に依らなければならぬ……其の政治とは何か……最も重要なるものは司法に依る討伐、所謂司法討伐であります……故に私共満洲国の思想事務に携はつて居る者は時には武装して危険な地区に突進し、日本軍の銃剣の保護の下に事件処理に従事して居る」（『思想実務家会同議事録』第一九回）と語っています。

「暫行懲治叛徒法」と「暫行懲治盗匪法」は臨時法でしたので、アジア太平洋戦争の開戦直後の一九四一年一二月二七日、日本の新治安維持法を母法として「満洲国」治安維持法（全一一条）が制定・施行されました。その第一条は、次のようになっています。

第一条　国体ヲ変革スルコトヲ目的トシテ団体ヲ結成シタル者、又ハ団体ノ謀議ニ参与シ、若ハ指導ヲ為シ、其ノ他団体ノ要務ヲ掌理シタル者ハ死刑又ハ無期徒刑ニ処ス
情ヲ知リテ前項ノ団体ニ参加シタル者、又ハ団体ノ目的遂行ノ為ニスル行為ヲ為シタル者ハ死刑又ハ無期若ハ十年以上ノ徒刑ニ処ス

「徒刑」とは懲役刑のことです。この場合の「国体」とは「満洲国」の「国体」ですが、日本から「満洲国」司法部に出向している八田卯一郎は「満洲国治安維持法の解説」（『法曹雑誌』一九四二年二月）のなかで、特徴として「一、国体の観念を明徴にし、国体の変革を目的とする犯罪及国体の否定事項流布を目的とする犯罪に関する規定を設けたること　二、兇悪手段に依る安寧秩序紊乱を目的とする犯罪に関する規定を設けたること」をあげています。また、「満洲国」の「国体」について、「日満不可分一徳一心の基調の上に立たせ給ふ垂統万年の皇帝の統治権を総攬し給ふ君主国たるところに在る」と解説しています。皇帝溥儀の「国体」護持を名目としました。

この「満洲国」治安維持法の運用状況の全貌は十分につかめていませんが、わかる限りで

も想像を絶するほどの猛威を振るったことがわかります。その一つとして、やはり「満洲国」司法部に出向していた飯守重任の撫順戦犯管理所での供述があります（一九五四年六月）。

この法律の立法目的は、一九四一年に八路軍が熱河を解放するため、偽満を襲撃したということで、関東軍の侵略行動の効果を収め、偽満の治安を回復するという目的に達するため、八路軍の作戦に協力した愛国人民を迅速に処置しなければならなくなったからである。……特別治安庭を設置する際、関東軍は熱河の愛国人民に対して軍法審判で軍が処理するより、裁判事務に詳しい裁判所で審判した方が、裁判の間違いを減らすことができるだけでなく、民心を安定させることができそうだと考えた（中央档案館・中国第二歴史档案館・吉林省社会科学院編『東北「大討伐」』）

治安維持法の猛威を示すものとして、「満洲国」総務総局特務処編『特務彙報』第四号の「特高関係主なる検挙一覧表（共産党関係）」があります。四三年一月から三月までの三ヵ月間で、八八〇〇人が検挙されたことがわかります。一つの事件で二〇〇〇人近くが一挙に検挙されたものもあります。これらを「特別治安庭」という裁判に付すわけですから、一度に一〇〇人余りを一度限りで処理してしまうという乱暴ぶりです。

もう一つ、反満抗日運動の激化に対する「熱河粛清工作」に関して、錦州高等法院次長の横山光彦は「熱河地区に屢々《しばしば》大検挙を行ひ、日本帝国主義軍隊、憲兵隊、特務、司法警察、検察庁、法院の全能力を挙げて数千数万に上る革命志士及愛国人民を逮捕し、数千名を高等検察庁を経て高等法院に起訴し、其治安庭又は特別治安庭に於て、判決を以て惨殺、弾圧を宣告したのであります」と供述しています（『侵略の証言』所収）。この横山の「供述」を裏づけるものとして、先の飯守重任の「いわゆる熱河粛清工作に於いてのみでも、中国人民解放軍に協力した愛国人民を一千七百名も死刑に処し、約二千六百名の愛国人民を無期懲役その他の重刑に処している」という別の証言があります（「カトリック教徒たる親友に宛てた手紙」『アカハタ』一九六〇年八月一二日）。ただし、このあと飯守は日本に帰って「供述はウソだった」と言っています。

このようにみてくると、治安維持法は国内でも悪法にほかならないのですが、国外においてはそれに何重にも輪をかけた悪法でした。

❹「在満日系共産主義運動」への治安維持法適用

関東憲兵隊は「満洲国」憲兵・警察などを実際には統制指揮して反満抗日運動の抑圧取締に主力を注ぎますが、一九四〇年ごろから、「満洲国」や満鉄などに仕事を求めた日本人元左翼の転向者たちの言動にも監視の目を向けていきます。在満日系共産主義運動とされるものですが、満鉄調査部事件についてはよく知られています。ただし、「満洲国」治安維持法が適用された満鉄調査部事件の最高でも徒刑五年で執行猶予がつきますが、それに先立つ「合作社事件」のうち「中核体」とされたグループには六人中五人が無期徒刑という厳罰がくだされました。このことはほとんど注目されていません。なお、この「在満日系共産主義運動」に関して、私を含む四人で『「満洲国」における抵抗と弾圧――関東憲兵隊と合作社事件――』（日本経済評論社、二〇一七年三月）をまとめましたので、お読みいただければ幸いです。

ほぼ農業協同組合といってよい合作社に、日本で活動できないと考えた元左翼の思想前歴者が職を求めて集まり、各地に点在しながら「満洲国」の中下層農民の生産向上を図ろうとしました。中央での会議などで顔を合わせた数人のメンバーは、合作社運動を盛り上げるとともに自らの運動再起を図る契機を求めて数回の会合を開きますが、実質的にはほとんど何も進展しない状況でした。ところが、一九四一年一一月、ここに関東憲兵隊は目を付け、一斉検挙を断行し、その数は五〇人にのぼりました。

のちに関東憲兵隊司令部がまとめた「最近に於ける日系共産主義運動と捜査着眼」（一九四三年八月、小林英夫・福井紳一『満鉄調査部事件の真相』所収）は、「建国初期に於ける満洲国治安の特性上軍警の主力は陽動的兵匪の掃蕩、直接行動的共匪、共産党、或は反満抗日諸団体の剿滅に指向せられありたる為日系共産主義運動の如き合法場面に寄生して展開しありたる陰性思想運動の剔抉《てきけつ》は勢い思想対策の重点目標外に置かれありたる」と述べたあと、新京憲兵隊特高課が「日系左翼前歴者の行動」に注目し、長い内偵捜査の末に「合作社」の左翼前歴者にたどりついたとあります。そして、関東憲兵隊司令部編『在満日系共産主義運動』（一九四四年）では、「言論界の風潮に正常ならざるものあるを感じ、秘かに其の據《よ》つて来る根源の究明に意を注ぐに至つた」とし、「農事合作社に於ける左翼前歴者の集団的策動の背後に、思想関係が伏在しありとする容疑極めて濃厚なる結論」を得たため、一斉検挙を踏み切った状況を次のように記述しています。

十二月時の新京憲兵隊本部特高課長は、支那事変下特に思想事犯取締の重要性に鑑み、断乎不逞思想の根源を摘発すべく決意し、事件の性質上予め長期間偵諜を覚悟し、本部特高課に少数精鋭なる人員を以て特別工作班を設け、爾来有能なる連絡者の獲得操縦に、或は関係情報並確証の収集把握に、直接指導督励すると共に、更に臨時郵便物検閲班を編制し、関係者の発受信を極秘厳密裡に速写せしむる等、係員の全捜査技能を之に集中発揮せしめ、約一年に亘る組織的偵諜活動を実施した。……昭和十六年六月頃に至り遂に農事合作社及協和会を温床として合作社運動、協和運動等の国策に便乗して行はれありたる在満日系共産主義運動の実在を確認するに至つた

実際に「在満日系共産主義運動」の内偵にあたったのは、新京憲兵隊特高課です。同憲兵隊が検察に送検する際に付した「意見書」には「六名ヲ以テ日本及中国ニ於ケル共産主義運

動ト相呼応シ、満洲国ニ於ケル日系共産主義運動ヲ指導スル無名ノ秘密中核体ヲ結成シ、以テ満洲国ノ国体ノ変革ヲ目的トスル結社ヲ組織シタルモノナリ」とありました。検察ではあらためて取調べをしたうえでこの六人を起訴していくのですが、そこには「日本帝国主義ノ我満洲国及支那ニ対スル熾烈ナル攻勢ハ各其ノ地ニ於ケル被圧迫大衆ノ窮乏化ヲ激成シ居ルモノト判断シ、斯ル情勢下ニ於ケル世界革命ノ進行ノ為ニハ先ヅ日満支ニ於テ右両党ノ有機的連携ヲ通シテ各其ノ地ニ於ケル同時武装蜂起ヲ決行スルコトヲ以テ先決条件ト解シ、茲ニ其目的実現ノ意志ヲ同シクセル……ト共ニ……現ニ分散状態ニ在ル我国日系共産主義運動ノ指導統一ヲ図ル為ノ中核体タル「核」ヲ結成シ……我国ノ国体変革ヲ目的トスル無名ノ秘密結社ノ組織ヲ為シタルモノナリ」とあります。

つまり、憲兵隊段階の取調べでは六人の「中核体」関係者は「日・満・支」の共産主義の連携を図ったとなっていましたが、検察では「同時武装蜂起」決行を準備したとまでエスカレートしています。取締側の虚構の産物として「中核体」はフレームアップされました。実際には六人のつながりは緩やかなもので、メンバーはホテルでの会合で現状の打破の意欲を示しますが、彼らには中国共産党とのつながりはありませんでした。

「合作社事件」はこの「中核体」グループの事件のほか、佐藤大四郎らの「北満型合作社運動」＝「浜江コース」事件、そして鈴木小兵衛《こへえ》らの協和会、満洲評論同人、満鉄部内に於ける「左翼グループ活動」と三つの事件として作りあげられていました。新京憲兵隊は「文字通り不眠不休の取調を続行」し、四二年二月二八日に検察庁へ三九人を送致します。四月一四日に「中核体」関係者五人が起訴され、八月二八日に新京高等法院判決で「治安維持法第一条第一項の所謂団体結成罪として一率《ママ》に無期徒刑の判決が確定し」ました。これは「満洲国」治安維持法の適用ですが、後述する「満鉄調査部事件」の判決に比べて、「牛刀を以て鶏を割く」ほどの重罪です。「中核体」という「国体」変革結社を認定しまった以上、その処罰は死刑か無期徒刑以外に選択肢がないため、振り上げたこぶしはここに落ちてきました。反満抗日運動の中国人・「満洲国人」であれば、容赦なく死刑だったでしょう。なお、「中核体」メンバーの中心と目された平野貞夫は、すでに警視庁により検挙され、国内の裁判を受けます。「浜江コース事件」の指導者とみなされた佐藤大四郎についても「徒刑一二年」という重い判決がくだされています。

関東憲兵隊は「中核体」を「合法場面に寄生して展開しありたる陰性思想運動」（「最近に於ける日系共産主義運動と捜査着眼」）とみなして、危機感を増幅させました。この「中核体」というフレームアップの手法は、「横浜事件」でも使われています。特高の「横浜事件関係者一斉検挙の経緯」（「返還文書」）には、「今次中核体たる日本共産党再建準備会の結成を見るや、急遽社内共産主義分子を糾合結集に努むるの外、各種言論機関に横断的組織を結成し、党活動に即応し、不逞なる目的達成の為め、報導宣《ママ》伝機能の左翼的発展飛躍を企図狂奔中、検挙せられ」とあります。地表下の「共産主義運動」をえぐり出すために、重宝な手法が開発されたのです。

四二年九月に第一次の検挙があった「満鉄調査部事件」は、先の「合作社事件」の鈴木小兵衛らの供述を糸口に接続していったものです。『在満日系共産主義運動』には「合作社事件」の「関係者を以てする在満日系共産主義運動の母体なるものが、満鉄調査部にありと推定し得る多数の供述を得た事」とあります。「合作社事件」が「実践活動」、「満鉄調査部事件」が「主として理論活動」となります。

「満鉄調査部事件」では、当初ゾルゲ事件との「関連」が追及されますが、それは頓挫します。検挙者の一人である宮西義雄（満鉄調査部東京支社調査室）は「満鉄調査部事件で捕まった人のなかには、尾崎秀実のことを追及された人は二人や三人ではないのです。まったく関係のない人でも、たとえば下條英男君さえ尾崎秀実とのことを追及されています。小泉吉雄君は、はっきり自分でも、尾崎との関係の取り調べで気が狂うようになったということを書いていますね。ですから、尾崎秀実事件に引っ掛けようと思ったけれどもだめである、中西事件でも、満鉄調査部で検挙されたのは六人だったと思いますが、これも尾崎秀実との関係を調べたけれども直接の関係は出てこない」（「満鉄調査部事件」、井村哲郎編『満鉄調査部――

関係者の証言――』所収）と証言しています。

そして、「満鉄調査部事件」でも「二匹目のどじょう」をねらって、「中核体」をフレームアップしようとしていました。四三年一二月二七日までに四〇人を新京高等検察庁に送致する際に、関東憲兵隊司令部が付した「意見書」には「中核体」ともう一つ「新京グループ」が存在していたとし、「満洲国」治安維持法第一条の「団体結成罪」の適用を求め、「厳重処罰の要」を強調しています。しかし、新京高等検察庁がおこなった司法処分で「起訴」となったものは一五人となりますが、すべて治安維持法第五条第一項の「宣伝罪」を適用しており、「中核体」などの「非合法運動」の存在を認めませんでした。「合作社事件」では憲兵隊と検察庁は一枚岩でしたが、「満鉄調査部事件」では判断が分かれました。おそらく、そのフレームアップ化の出来の悪さが決め手となったと思われます。

その後、第二次検挙があり、最終的に四五年五月一日に判決がくだされますが、すべて「宣伝罪」の適用で、大半は「徒刑二年執行猶予三年」となりました。ただ、そのなかで渡辺雄二と松岡瑞雄は「徒刑五年執行猶予五年」とやや重くなっています。この二人は関東憲兵隊によって「中核体」・「新京グループ」の構成員とされていましたので、それが量刑にはね返ったように思われます。

関東憲兵隊の『在満日系共産主義運動』では、「事件処理より得たる教訓及将来の対策」

として、「憲兵の行ふ思想対策は其の有害思想を根底より覆滅掃蕩し清浄なる状態に帰せしむる所謂抜本塞源的措置でなければならぬ」、「大東亜指導民族として発展しつゝ、ある今日我民族間に於ける思想清浄は急務中の急務」と記述しています。この「思想清浄」に注目してみると、第二次検挙者の一人、石堂清倫の証言（「満鉄調査部事件」『満鉄調査部』所収）が戦時下の取締を考えるうえで貴重な手がかりとなります。

私は長いあいだそれを誤解していまして、憲兵隊や検察官の取り調べのときになにもやっていないと抗弁しました。けれども、それを向こうの方ではせせら笑って取り上げない、彼らはこう言うのです。君たちの考えはまったく甘いものだ、今はもうやれないことは、こちらが百も承知している。しかしこの国家非常の時局に銃後を固める当局としては、将来万一の点から見ると、お前たちの抗弁する態度自体が大いに危険なのだ、行為にたいしてだけ罪を問われると思うのは間違いである、すすんで服罪して同胞の警戒心をたかめることが求められるのだ、ということであったと思います。

そういうことを憲兵隊でも検察庁でも放言しておりました

なぜ「思想清浄」・「思想洗浄」が急務なのかといえば、「満洲国」という地勢的位置に発する強い危機感があります。そうした状況のなかで、「抗弁する態度」を持ちつづける態度や意識自体が危険と判断され、しゃにむに弾圧されました。

おわりに

最後に私のみる「共謀罪」法案の問題点をあげてみます。

まず、やはり治安維持法からの類推になりますが、治安維持法の運用をみていくと、つくづく「犯罪」とみなすのは取締当局の恣意的な解釈であるということを痛感します。制定時、若槻内相は「健全な無産運動」は取り締まらないと発言しますが、すでにこのなかには当局にとって「健全」と考える社会運動のなかにおさめなければならない、という発想があります。現代の取締当局にあっても、「一般人は対象にしない」といっても、その「一般」の範囲は取り締まる側の判断にゆだねられ、次第に狭められていく恐れが十分にあります。たとえば、「反原発運動」にたずさわる人は「一般」人ではない、それゆえ「共謀罪」の対象になりうる、という発想になるでしょう。

政府の説明ではこれまでの頓挫した三度の「共謀罪」法案と異なり、対象を厳格化し、「団体」ではなく「集団」としたので、労働組合などの「団体」はかかわることはないとされています。むしろ、私は一九四一年の新治安維持法が「集団」までを「国体」変革の処罰対象に拡張し、実際に「横浜事件」においても「生活綴方・図画事件」などのように「集団」が標的にされたことを想起すれば、むしろ前三回よりも今回の方が危険性が増したように思います。「団体」

から「集団」に絞ったことが改善点になるのか、理解できないところです。むしろ拡げたのではないでしょうか。

また、これまでの政府側の説明では、一般市民団体もあるとき組織的犯罪集団に一変すれば対象になりうると説明していますが、その一変の判断は誰がおこなうのでしょうか。それは取締当局にほかなりません。では、その一変のタイミングを見逃さないために、広くその対象の可能性があると判断したものをずっと長い間にわたって監視しつづける必要があります。そのためには、いわばまだ地表の下にあるものを監視するわけですから、膨大な人員を割いてかかることになる、さらに監視カメラや盗聴・検閲なども大々的にやらなければならない。それは取締当局の組織的な拡充、権限の拡張につながるでしょう。

歴史的に治安維持法の拡張とともに、その運用にあたる特高警察や憲兵の組織的拡充がなされたことは証明することができます。たとえば、警視庁の特高の場合です。一九三二年、警視庁の特高課は特高部に拡充され、外事課、特別高等課、労働課、内鮮課、検閲課、調停課、庶務課を擁することになります。初代の特高部長が安倍源基です。特高部の人員は三三年では二四八人ですが、三七年では三七五人になっています。この間、治安維持法の検挙人数は下がっていますが、地下の芽をえぐり出すために、特高部の人員は拡充されました。この特高部とは別にそれぞれの警察署に特高係・外事係が配置されており、それらを合計すると三七年には三七五人となります。両方で七五〇人、これが専任の特高警察となりますが、一般の警察官も「全警察の特高化」というスローガンの下、不穏とみなした情報のキャッチに動員されていました。

中くらいの規模として埼玉県を、小規模な事例として秋田県の特高警察官数をみます。埼玉県ではおおよそ警察部特高課と各警察署特高係を合計して七〇~八〇人、秋田県では三〇~四〇人の間で推移しますが、治安維持法の運用拡張に対応していずれも漸増しています。

戦前の警察官数はおよそ一〇万人くらいです。そのなかの専任の広義の特高警察官は約一万人と思われます。敗戦後、ＧＨＱによる「人権指令」で治安維持法が廃止されるとともに特高警察は廃止され、特高警察官は罷免されますが、その数は約五〇〇〇人強です。かなりの部分が警察の特高以外の部門や警察以外の公務に移って罷免を免れました。

これから「共謀罪」法案に対する反対運動が盛り上がっていくでしょう。にもかからず、数の力で強行採決ということになれば成立してしまうことは考えられます。反対運動の高まりに比例して治安維持法反対運動のときもそうだったように、そして破壊活動防止法制定時には「治安維持法の再来」として大きな反対運動が展開されたように、当局側もしばらくの間は慎重な姿勢で運用の抑制を心掛けるということになるかもしれません。だからこそ、反対の声を高く、長く叫びつづける必要性があります。

しかし、しばらくは抑制的な運用がなされるとしても、先にのべたように標的とされた市民運動や労働運動に対しては、すぐにその一変の瞬間を見逃さないために監視と内偵が本格化するでしょう。

そして、まだ五年、一〇年というところでは慎重に運用していくかも知れませんけれど、この危険性の記憶がだんだん薄くなり、何らかの事態に「共謀罪」が適用されたとき、現代のメディアがそれを冷静に批判的に報じることができるか、大いに懸念があります。それはやはり戦前の治安維持法事件の当局発表を、新聞はさらに脚色してセンセーショナルに報道してきた事例が山のようにあるからです。近未来に起こりうるこのような状況も注視していかなければならないでしょう。

ありがとうございました。

Ⅱ　多喜二と治安体制

「三・一五共産党弾圧事件」九〇年

九〇年前の一九二八年三月一五日早朝、特高警察と検察当局は治安維持法を本格的に発動して、日本共産党への大弾圧を開始した。三〇道府県におよび、検挙者は約一六〇〇人（ほかに多数が検束された）、起訴者は四八八人に達した。二六年一二月の山形県五色温泉における再建後、共産党が全国的に組織と活動を拡げていたことを警視庁特高課はスパイを駆使した内偵によって把握し、危機感を増大させていた。田中義一内閣による山東出兵への反対運動や普選干渉への非難の高まりをそらすという政治的判断が加わり、三月一五日の一斉検挙となった。秋に控える昭和天皇の「大礼」への予防的措置という意味合いもあった。その後、「中間検挙」、二九年の四・一六事件へと弾圧はつづく。

その意義は、「国体」変革結社として共産党を治安維持法で取り締まることが確定したこと、国民に「国体」の不可侵性という魔力が吹き込まれたことにある。異例の速さで事件を四月一〇日に公表すると、その勢いをかって一挙に治安体制の確立に突き進んだ。最高刑の死刑引上げと目的遂行罪の導入を図った治安維持法「改悪」、特高警察の大拡充、思想検察と思想憲兵の創立、学生運動抑圧取締のための文部省学生課の設置などである。また、官民ともに「思想善導」が叫ばれた。

小樽の警察署が「一週間のうちに労働運動者、労働者、関係のインテリゲンチャを二百人も、無茶苦茶に、豚のようにかりたてた」後、非道きわまる拷問を繰りかえしたことに「煮えくりかえる憎悪」を燃やした小林多喜二は、「あらゆる大衆を憤激にかり立てなければならない」という決意の下に、釈放された人々の間を駆け回って取材をし、七月末までに小説「一九二八年三月十五日」を書きあげた。知識人や労働者、母や妻・子どもという「色々な面から描いていって、それを総合し、三・一五事件そのものを書こう」とした。

多喜二はのちに「プロレタリアートの階級的な憎悪感を盛ろうとした」と語る一方で、「三・一五事件の持っている歴史的階級的意義」を盛り込めなかったとする。実はそれは『戦旗』掲載時（一一月、一二月号）に切り取られた最後の部分、メーデーを「獄内デモ」で闘う場面と再建のための闘争が起りつつある場面に描かれていたという。また、推敲の過程では「戦闘はこうして、一日も途切れることなしに、継続する！」という書き込みもしていた（いずれも草稿ノートで読める）。すでに多喜二はこの時点で、最後となった小説「地区の人々」

で副題とした「火を継ぐもの」という視点を獲得していたといえる。大弾圧にもかかわらず、むしろ運動が拡大していった点に多喜二は「歴史的階級的意義」をみた。

この小説のクライマックスは労働者「渡」に対する凄惨な拷問の場面だが、その少し前に、彼が獄中の板壁に爪で「おい皆、聞け！」で始まる文章を刻み込む場面を多喜二は描いている(検閲を配慮して削除)。「おい兄弟！　第一番先に手を握ろう。しっかり手を握ることだ」という一文には、現在の反動状況に閉塞感を抱きがちな私たちへの強いメッセージが込められている。

多喜二に襲いかかる治安維持法

はじめに

小林多喜二は小説「一九二八年三月十五日」で特高による拷問の暴虐ぶりをあばくとともに、「母たち」(『改造』一九三一年一一月)では北海道の「十二月一日事件」(一九三〇年)を題材に、再建中の労働運動関係者の検挙から公判に至る過程に翻弄される母たちの群像を描いた。判決の日、「被告は今後どういう考か? これからも共産主義を信奉して運動を続けて行く積りか、それとも改心して、このような誤った運動をやめようと思っているか?」という裁判長の質問に各被告が答える姿に、傍聴席の母たちは一喜一憂する。「共産党被告中の紅一点!」の「伊藤」の母は、娘の「私は今でもちっとも変りません」という非転向の答えに「涙を一生ケン命こらえ」、「矢張り仕方がないんでしょう」とつぶやく。

「十二月一日事件」は日本労働組合全国協議会系の労働運動に対する弾圧で、四八人が検挙され、二八人が起訴されたが、そのなかには小樽での親しい友人である寺田行雄や伊藤信二らが含まれていた。この「北の国の吹雪」（中野鈴子宛書簡、三一年二月四日）を憂慮した多喜二は、友人たちにも、自らにも襲いかかいつつある治安維持法がもたらすものに思いを巡らし、ここでは残された母たちの心情をさまざまに描き出そうとした。

本論では、治安維持法がどのように多喜二に襲いかかったのか、あらためて検証してみよう。

1　三・一五事件と四・一六事件で見たもの

多喜二が治安維持法を意識したことを確認できるのは、一九二七年四月一〇日の「日記」である。「京大学生事件」と「朝鮮の共産党」などをあげて「多事！」と書くのは、治安維持法違反を問われた二つの裁判について深い注意を払っていたからである。まもなく小樽社会科学研究会に加わり、社会主義への「躊躇」を乗り越えていくが、社会変革の実現のためには治安維持法と対峙しなければならないことを認識したと思われる。しかし、それはまだこの時点では観念的な理解にとどまっていた。

いうまでもなく治安維持法とそれを武器に猛威を振るう特高警察を実感したのは、

一九二八年の三・一五事件であった。「北の国の小さな街から、二百人近くの労働者、学生、組合員が警察にくゝり込まれ」、「反植民地的な拷問」が加えられていることに、「只事」ではない衝撃を受けた。その「煮えくりかえる憎悪」を原動力に「残忍な拷問」の実態を詳細に描き出し、「あらゆる大衆を憤激にかり立て」るために（以上、「一九二八年三月十五日」『若草』一九三二年九月）、小説「一九二八年三月十五日」は書き上げられた。『戦旗』にこの小説が発表されたことも加わって、多喜二の行動は特高警察の監視下におかれた。二八年一二月六日付の斉藤次郎宛書簡に「俺は今、小樽での有力な「要視察人」になっている」として、「所謂「特高」なるものが出入りすることひどい」と書いている。

最初に多喜二に特高が直接襲いかかったのは、二九年の四・一六事件直後であった。四月二〇日、若竹町の自宅は家宅捜索を受け、多喜二自身も拘引されたが、このときはすぐに釈放された。五月二三日付の蔵原惟人書簡には「紙一重の危さであった」とある。小樽の労働運動が根こそぎ弾圧されたために、多喜二は「蟹工船」や「不在地主」を発表する一方で、実践運動に深く関与していた。伊藤信二らとともに小樽労働運動の再建を担い、一二月初旬には「全協小樽産業別労働組合組織準備会結成に際し、全組合の拡大の為め、戦旗、第二無新、労働新聞等の配布網を確立すると共に、犠牲者救援運動をも起すべく協議し」たと北海道警察部特高課編『本道に於ける左翼労働運動沿革史』（一九三一年）は記載する。のちに

「地区の人々」のなかで「その再建のために「一人」が運動を始めると、その十倍もの人数の「特高係」に附き纏われ」と記すのは、この実体験が踏まえられている。

二九年一二月には、ナップ小樽支部をともに結成した友人で、四・一六事件で検挙・起訴されていた風間六三と札幌刑務所大通支所で面会し、札幌地方裁判所における判決言渡しを傍聴している。風間宛に「法廷での態度、小児病的なところもなく非常によかった」と書き送っているが、この傍聴により多喜二は治安維持法裁判の実際と思想検事の存在を目に焼き付けたはずである。のちに「共産党公判傍聴記」に記すような「法廷で椅子を振り上げたり、格闘をしたりした」（『文学新聞』三一年一〇月一〇日号）場面は、別の日の公判だったかもしれない。いずれにしても、「母たち」や「安子」の法廷の場面を描く際の参考にされただろう。

2　一九三〇年の検挙から出獄まで

多喜二は一九三〇年三月に小樽から東京に出たあと、五月中旬、『戦旗』防衛巡廻講演のために向かった関西地方で、二度目の特高の襲撃を受けた。二〇日、特高が戦旗社を襲い、二一日には村山知義を、二四日には中野重治を共産党資金援助の容疑で検挙する。「五・

二〇シンパ事件」と呼ばれるプロレタリア文化運動への弾圧で、多喜二は二三日に大阪島之内警察署で検挙された。その最初の留置場体験は、「餡玉闘争」（『三・一五、四・一六公判闘争のために』三一年七月）で「大阪の留置場は半分地下室に埋まっていて、窓もなく、昼でも赤ぼけた電燈がついている」と描いたものだろう。

六月七日に釈放されるまで、一六日間の勾留中に多喜二は手ひどい拷問を体験する。九日付の斉藤次郎宛書簡では「竹刀で殴られた。柔道でなげられた。髪の毛が何日もぬけた。何んとか科学的取調法を三十分もやらせられた。とうとう検事局まで行って、ようやく許されてきた」と知らせる。江口渙『たたかいの作家同盟記』上巻によれば、島之内警察署の特高係は「お前は「三・一五」という小説を書いて、おれたちの仲間のことをある事ない事さんざん書き立てやがって、ようもあんなに警察を侮辱しやがったな」と脅し、拷問を加えたという。「検事局まで行って」とあることから、共産党への資金援助を治安維持法の目的遂行罪に問われて警察から検事局に送検されたものの、不起訴になったのだろう。島之内警察署における検挙と拷問は、やや勇み足的に小説「一九二八年三月十五日」に対する報復としてなされたのかもしれない。

東京に戻った多喜二は、六月二四日、警視庁特高課により立野信之方で立野とともに検挙された。杉並・巣鴨・坂本の三警察署をたらい回しにされて取調べを受ける過程で、再び拷問を加えられるが、それは小説「独房」における描写――「二三度調べに出て、竹刀で殴られたり靴のまゝで蹴られたり、締めこみをされたりして、三日も横になったきりでいたこともある」というものであったろう。事件に対する報道が解禁された際の三一年五月二一日付の『東京朝日新聞』には、多喜二に対する「当局の取調べはもっともしゅん烈であつたため、出所後顔面筋肉の一部が硬直してしまつたといわれている」と報じられた。その「もっともしゅん烈」とは、やはり三・一五事件の拷問の実態を描き出したことと関連するだろう。

警察での取調べ後、多喜二は治安維持法違反の被疑者として東京地方裁判所検事局に送検され、検事による訊問――警察署の「三階に上がっていくと、応接間らしいところに、検事が書記を連れてやってきていた。俺はそこで二時間ほど調べられた。警察の調べのおさらいのようなもので、別に大したことはなかった」（「独房」）――を経て、八月二一日に起訴となり、豊多摩刑務所に移送された（正式には拘置所に入る）。被告人として予審と本公判を待つ身となった。なお、多喜二より約一ヵ月前に検挙されていた中野重治の場合、その起訴は七月三一日だった（保釈も多喜二より約一ヵ月前となる）。

治安維持法違反はもとより刑事事件では、警察段階においては「聴取書」が、検察段階と予審段階においてはそれぞれ「訊問調書」が作成されていくが、当然ながら多喜二の場合にもそうであったはずである。残念ながらそれらは残されていないが、「五・一〇シンパ事件」

関係者の警視庁「聴取書」を参照することができる。京都大学人文科学研究所に所蔵されている一九三〇年分の「サ行」と「タ行」の約四〇人分中に、壺井繁治・立野信之・佐野碩らの「聴取書」が含まれていた。残念ながら、多喜二「聴取書」もあったはずの「カ行」は所蔵されていない。これらは拷問付きの取調べによって作成されたものではあるが、その内容自体は警察の作為や捏造、あるいは聴取される側の迎合などは少なく、各被疑者は総じて被疑事実を認めたようである。

聴取の順序は「思想ノ推移」に始まり、「共産党ノ認識」や「戦旗社ノ目的ト任務」などが追及されるが、取調べの焦点は「党運動資金ノ提供」関係にあった。その点で、とくに多喜二と同時に検挙された立野の「聴取書」(七月一日)が興味深い。立野の取調べにあたったのは、のちに多喜二虐殺の当事者となる中川成夫である。立野は「党運動資金ノ提供関係」について、三〇年二月上旬、村山知義方で村山・蔵原・壺井・中野・永田一脩が協議し、「小林多喜二ノ「蟹工船」ノ印税ハ戦旗社ニ其処分ヲ一任イタシテアル故、党ノ方ニ廻シテモヨイ」ことで合意したと供述する。単行本として『蟹工船』は戦旗社から三度にわたって刊行され、発行部数は三万五〇〇〇冊にのぼったが、小樽在住の多喜二は印税の使い方を戦旗社に「一任」していたようで、その意向にそって蔵原・立野らは印税の一部を党運動資金として提供することを決めた。

これに関連して、壺井繁治「聴取書」には、「党運動資金ノ提供関係」の一つとして壺井が提供した資金の一部について、三〇年一月中旬、「五十円ノ金ハ、小林多喜二君ガ東京ニ来ル前ヨリ蟹工船ノ印税全部ヲ戦旗社ニ寄付スルカラ適当ニ使ッテ貰ヒタイト云フ話デシタカラ、私ハ此ノ印税ノ内五十円ヲ借リテ、私個人トシテ党ノ方ニ出シタノデアリマス」としている。多喜二の一任を前提に、壺井が借金をするかたちで党への資金援助がなされたことは事実であろう。

立野はもう一つ、多喜二からの資金提供について、次のように供述している。

小林多喜二君カラ百円受取ツタ関係デアリマスガ、之レハ小林君ガ永田君カラ話ヲ聞キタルモノト思ヒマスガ、五月初旬頃封筒入ノ金百円位ヲ封シタ侭私ニ出シテ、永田君ガ来タラ渡シテ呉レト言ツテ出シタノデ、私ハ之レヲ預ツテ居テ永田君ニ渡シマシタ

小林君ニハ私ガ出金サセル様ニ直接交渉シタ訳デハアリマセヌ、キツト永田君直接ト思ヒマス、然シ小林君ハ本年四月初旬北海道カラ上京シテ私ノ家ニ泊ツテ居リマシタカラ座談的ニハ「党ガ金ニ困ツテ居ル、ナツプ関係者デ金ヲ出シテ居ル者モアル」ト云フ様ナ話ハ致シマシタ

こうした立野や壺井の供述にもとづき、多喜二もきびしく追及されたことは間違いない。

この資金提供について、立野・壺井らと同様に多喜二は認めただろう。送検直後、検事による取調べが「警察のおさらいのようなもの」であったことは、多喜二が警察での聴取内容をおおよそ肯定したことをうかがわせる。豊多摩刑務所からの田口タキ宛の最初の書簡(九月四日付)で、「裁判になるまで、前例を見ると二年以上もかかるらしい」と書き送ったのも、有罪を予想して長期の獄中生活を覚悟していたからと思われる。

小説「独房」によれば、豊多摩刑務所に移送される直前に「裁判所に呼び出されて、予審判事から検事の起訴理由を読みきかせられた。それから簡単な調書をとられた」とある。戦前には本公判に付すかどうかを実質的に審理する予審制度があった。一般的に第一回目は簡単な人定訊問と検事の起訴事実への認否を問うことで終わるが、ここでも多喜二は起訴事実を認めたと思われる。「独房」では、その四ヵ月後、年末の「寒い冬の朝」に予審廷に「出廷」するため、刑務所から裁判所までの往復の道中風景が描かれる。予審訊問が終了すると、予審判事は本公判に付す旨の「予審終結決定」を作成し、有罪が確定すると、次は本公判の段階となる。多喜二らの「予審終結決定」は残されていない。

ただし、東京地方裁判所における三・一五事件や四・一六事件などの予審が長引き、党中央部の統一公判はまだ開始されていない段階であり、多喜二らプロレタリア文化関係者の公判日程の目途は立たない状況となる。おおむね党運動資金の提供の事実は多喜二も認め、予審も終結したため、壺井や村山・中野らよりやや遅れながらも三一年一月二二日に保釈となった。中野の場合の保釈金額は四〇円だったので、同程度の保釈金を納付したと思われる。

　警察「聴取書」の最後では被疑者の「将来ノ決心」が問われる。壺井らの供述を参考に多喜二の「将来ノ決心」がどのようなものだったか、推測してみよう。八月二一日の二回目の聴取で、壺井は「現在正シイト信ジテ居ルマルクス主義思想ヲ棄テルコトハ絶体《ママ》ニ出来マセン、従ツテ今後必要ニ応ジテ私自身ニ運動ノ部署ヲ課セラレタナラバ、自分ノ力ノ許ス限リ其ノ仕事ヲ遂行シテ行ク考ヘヲ持ツテ居リマス」と答えている。立野は「私ハ今後党直接ノ行動ハ全然ヤラナイ積リデアリマス、然シ現在ノ作家同盟ニ居テ芸術活動ヲ続ケテ行キタイト思ヒマス」と供述する。演劇運動の佐野碩は、「今後ハ党直接ノ仕事ニ就テハ充分謹慎致シマス、然シ現在ノ演劇活動ハ尚継続シテ行キタイ思ヒマス」（六月一〇日、中川成夫による聴取）とする。立野や佐野の場合、「党直接ノ行動」に加わらないという一歩後退の姿勢となりながらも、プロ文化運動を継続することは明言する。

　なお、文化運動以外では、「周囲ノ状況ノ変化、党又ハ同盟ノ自己ニ対スル決定等ニ依リ尚自分ガ運動ヲ継続シテヤツテ行ケルナラバ、進ンデ党又ハ同盟ノ為メニ活動シタイト考ヘテ居リマス」（堅山利忠、六月六日）のように運動実践を継続する供述もあれば、「共産主義ヲ理論ノ上カラ否定出来マセンガ……自分ガ刑務所ニ行ク事ニ依ツテ受ケル家族ノ打撃ヲ考ヘル時ハ、没落ノ譏《そし》リモ甘ンジテ受ケ、断然運動カラ手ヲ切ラウト思ヒマス」（佐々木美代子、五月八日）という実践運動からの離脱を表明する供述もあった。

意外なことは、まだ一九三〇年段階においては警察「聴取書」では（おそらく検察・予審の各「訊問調書」でも）、「非転向」の表明がありえたことである。まもなく司法処分における「留保処分」の運用が始まり、「転向」方策が効果を発揮していく段階では、「聴取書」や「訊問調書」においても「手記」においても、厳重な司法処分を免れて、警察限りの釈放や検察段階の不起訴、予審段階での免訴、本公判における執行猶予付の判決をかち取るためには、運動からの離脱表明だけでは済まず、思想の放棄、さらには日本精神への帰依までが求められていく。そうした「転向」全盛期と比較すると、治安維持法運用の序盤においては「非転向」の表明が認められた。当局のプロレタリア文化運動に対する警戒感が相対的に薄かったともいえる。

そうしたなかで多喜二の「将来ノ決心」を予測すると、獄中書簡で見られる不屈の姿勢や保釈後の精力的な創作・実践活動、そして三一年一〇月の共産党入党を考えれば、一歩後退した感のある立野・佐野よりも壺井および堅山に近く、「非転向」姿勢の堅持の表明がなされたといってよいだろう。

なお、この「五・二〇シンパ事件」に対する東京地裁の公判は三三年五月二五日から開かれ、七月八日に判決がくだされている。治安維持法の目的遂行罪にあたるとして藤森成吉と立野信之が各懲役二年、後藤壽夫（林房雄）が懲役一年であった（いずれも控訴『東京朝日新聞』三三年七月九日）。そして、一〇月三一日、同事件に関わった山田清三郎を東京地裁は懲役三年の有罪としたが、これには多喜二「蟹工船」を掲載した『戦旗』編集長としての新聞紙法違反が加わっていた（『社会運動通信』三三年一一月四日）。三四年二月、壺井繁治に対する判決はやはり新聞紙法違反が加わり（『戦旗』編集長）、懲役四年（未決拘留二〇〇日）だった。このようにみると、多喜二の「五・二〇シンパ事件」の刑期は山田に近い懲役三年程度だったとも考えられる。この段階では目的遂行罪の適用にとどまる（新聞紙法違反も加わる）。

3　一九三三年の検挙から虐殺まで

一九三一年一月二二日の保釈から、三三年二月二〇日の二度目の検挙と拷問による虐殺まで、わずか二年余であった。

三一年九月、多喜二はつづけざまに検束されている。九月三日のこととして、全日本無産者芸術団体協議会の機関誌『ナップ』一〇月号の編集後記は「作家同盟員の三人が無理由に検束され、即時戻つて来た」と記している。この三人のなかにおそらく多喜二が含まれていた。のちに須山計一が紹介するエピソード――「二三年前に、上落合の作家同盟の事務所から引つぱられた時の事だつた。彼はいきなり係りの高等係に向つて、「君達も商売柄俺をこうしてテロつたりするが、腹の底のどこかには、「アジアの嵐」にある銃殺を躊躇する士官みたいな気持ちがあるんだろう」。これにはスパイも一本まいつたとの事だ」（「作家・共産主義者として」『プロレタリア文学』三三年四・五月合併号）――は、この検束時の多喜二であろう。

そして、すぐ六日には群馬県で検束された。文芸講演会開催を前に、多喜二は中野重治・村山知義や地元の主催者とともに伊勢崎警察署に検束されたが、約一〇〇人の民衆の抗議で「奪還」された。「コンクリートの地下室に、丸太で囲んだ、猿の檻のような」留置場で、釈放を求めて多喜二は「丸太を叩き、床を踏み鳴らし、あばれ」（村山「多喜二の思い出」）たという。

ついで九月二〇日、上野自治会館の第二回「戦旗の夕べ」で演壇に立ったときも検束されるが、ここでも抗議運動が功を奏し釈放された。これらは予防検束といえるもので、法の厳密な運用でいえば警察犯処罰令、もしくは行政執行法違反の行政処分であった。

九月一五日、傍聴券を得るために深夜二時から並んで、東京地方裁判所で党中央部の統一公判（第一七回）を傍聴する。多喜二を含む一般傍聴人は九五人で、「相変ラズ満員」であった（ほかに特別傍聴人三八人、共同被告人及家族二二人）。はじめて佐野・鍋山ら共産党指導者の風貌に接した。

高橋貞樹の「農民運動」は前後三回におよぶが、この日は二回目で「（1）ブルジョア、プチブル、社会民主々義者、解党派ノ農民政策　（2）共産党ノ農民政策　（3）農民トプロレタリアノ利害問題　（4）共産党ノ農民運動史　（5）国際農民運動＝クリスチンテルン（6）プロレタリアノ独裁カ共産党ノ独裁カ」（以上、辻参正『法廷心理学の研究』「司法研究報告集」第一五輯五、三二年三月）の順で陳述された。これを多喜二は興味津々で聞き入ったようである。「共産党公判傍聴記」（『文学新聞』一〇月一〇日号）には、高橋の陳述を「一節々々毎に釘でも打って行くような適確さで」と評するほか、公判全体の印象を「見かけはおとなしいが、きいていると、オレたちよりもずっとずっと進んだオレ達の先輩が、オレたちにいろいろタメになることを教えてくれていることがわかる」とある。一〇月には日本共産党に入党した。

三二年三月下旬から四月にかけて、再びプロレタリア文化運動関係者への弾圧が断行され、中野重治・村山知義・蔵原惟人らが検挙されると、多喜二は地下に潜行し、「満洲事変」に抗する創作活動とプロ文化運動の再興に奔走する。すでに三月上旬には「何としても不自由の中でする仕事で」（若林つや子宛書簡）という状況であり、特高の追及を逃れる生活が始まっていたことが推測される。五月の日本プロレタリア作家同盟第五回大会に向けて、書記長としての報告準備に忙殺され、地下生活に入る四月には「身体さえコワしている」（阿蘇弘宛書簡）ほどだった。八月になると、田口タキに宛てた手紙（二〇日付）には「時には、なすの漬ものだけで三日も過ごすことがある」と記すほどの、きびしい生活を余儀なくされていた。

多喜二虐殺についてフランス共産党『ユマニテ』（三三年三月一四日）が「過去数ヵ月間に彼は決然として極東における帝国主義的略奪戦争および反革命戦争に抗する運動の先頭に立ち続けていたのだった」と報じるが、それゆえに多喜二への特高の追及の網はますます迫っていた。評論「八月一日に準備せよ！」（『プロレタリア文化』三二年八月）に記した、「戦争とファッシズムを強行しつつある軍事的＝警察的反動支配」が自らに襲いかかりつつあることを実感していた。三三年一月に会った小樽時代の友人風間六三に対して、円タクに乗っている際、「毛利の車と一しょに停止して、顔をみられたと観念したが、先方が気づかず発車してしまった」というエピソードを語っている（風間「一九三三年一月」『小林多喜二全集』月報6）。警視庁の特高課長毛利基を多喜二は知っていた。

そして、三三年二月二〇日の検挙は、短時間で拷問死に至る。築地警察署から担ぎ込まれた前田病院の前田博士の談話を『社会運動通信』二月二三日号から引用しよう。

左前頭に指頭大の擦過傷が二つあり、又首の左側に二ヶ所、左の手首にも軽い擦過傷があり、左右の大たい骨のあたりには皮下溢血があつた、胸部には別に何の異常はみられなかつた、こんな次第だから死因はと追究されても今の所不明で、結局心臓麻痺によるものとより外考へられません、私の方へ来たのは午後七時頃であつたと思ふが、その時にはもう脈もなかつたし、口辺にケイレンがあつた位です、カンフル食塩注射を行つたが、吸収する力もなかつた

日常的に築地署と関係が深いためだろう、警察発表と矛盾しない談話に限られた。

その後の『社会運動通信』は、「小林多喜二告別式に　当局の徹底的弾圧　弔問者全部が検束の厄に遭ひ　淋しくだびに附される」（二月二四日）、「三、一五記念日を期し　小林氏労農葬挙行　警官百五十名を動員して厳戒　九十二名検束さる」「小林氏原作の「沼尻村」上演禁止　俳優五十数名を罐詰」（三月一七日）と報じている。早くも四月三〇日付では八面の上半分に、日本プロレタリア作家同盟編輯・発行『小林多喜二全集』全八巻の広告が載る（第二巻のみ刊行、中断）。

日本労農弁護士団の一員として布施辰治らと活動し、三三年九月一三日に検挙された窪田貞三郎の予審訊問調書が興味深い事実を伝える。一つは労農弁護士団として多喜二労農葬に関わったことが、布施や窪田らの治安維持法違反としての目的遂行罪の構成要件の一つに加えられていたことである。布施はこの労農葬実施の副委員長となっていた。

第一一回（三五年二月一二日）の訊問では、労農葬当日の様子が次のように供述される（「治安維持法違反被告事件　予審訊問調書写」、同志社大学人文科学研究所所蔵）。

当日ハ弁護士団カラ先ツ神道、大森、河合、松岡等ノ団員ヲ築地小劇場ニ派遣シ、又私ト布施、三浦両弁護士ハ品川ノ小林多喜二ノ母ノ宅ニ行ツテ多喜二ノ遺骨ヲ会場ニ運フ役割ヲ勤メル事ニナリマシタカ、私ハ当日小林多喜二ノ家テ品川署ニ検束サレ小劇場ノ方ノ葬儀ニハ参加出来ス、又小劇場ノ方ニ行ツタ団員モ葬儀ニ参加スルニ至ラス、警官ノ為ニ会場カラ帰ツタト云フ話テス

次に窪田は予審判事から「右小林多喜二ノ死亡ニ付テ告訴提起ノ依頼ヲ受ケテ神道寛次ニ更ニ之ヲ転嘱シタ事ハナカツタカ」と問われて、多喜二の弟三吾と義兄佐藤藤吉から依頼されて資料を受けとり、神道弁護士に転嘱したものの、「証拠薄弱ノ為、神道弁護士ノ手許テ其侭ニナリマシタ」と答弁している。このことはこれまで述べられることのなかった事実である。弟三吾と義兄藤吉の連名での依頼からみてそれは母セキと姉チマの意志でもあったはずで、特高の非道さに小林家一同が強く憤り、泣寝入りをせずに抗議行動に踏み出そうとしたことを意味する。しかし、築地署の密室でおこなわれた拷問であり、遺体の正式の解剖がすべて阻止されたこともあり、おそらく弁護団の「証拠薄弱」という判断によって、この果敢な告訴提起の試みは涙を飲んで中断せざるをえなかった。

特高による拷問の告発の事例としては、戦後一九四七年四月の「横浜事件」被害者によるものが知られるが、実は多喜二虐殺の三ヵ月余り前の三二年一一月に岩田義道が虐殺された際に、形式的に岩田の両親が被害者として、警視庁の毛利特高課長や鈴木警部らを殺人罪・凌辱致死罪で東京地方裁判所検事局に告訴しようとしたことがあった。これは弁護士の布施辰治らが中心となって企図されたもので、実際の手続は若手の青柳守雄弁護士があたった。その際、取調べ中の病死という警察発表を否定する東京帝国大学医学部病理学教室の三田村篤志郎博士のもとで解剖に付され、作成されていた岩田の遺体の「検案書」（解剖所見書）が提出されていた。結果的にこの告訴は受理を前に岩田の両親に検察などの圧力が加えられたために、告訴取り下げというウヤムヤのかたちとなって終わった（詳しくは青柳守雄『治安維持法下の弁護活動』）。

おそらくこの岩田虐殺に対する告訴を布施弁護士らから聞かされたことも一助になって、多喜二の残された遺族は告訴による責任追及を決意したはずである。弁護士らが多喜二の遺体の正式の解剖に奔走したのは、特高警察に対する告訴の証拠書類として不可欠という判断があったと推測されるほか、その阻止に特高側が躍起となった理由もそこにあったと思われる。岩田虐殺時の告訴提起を教訓に、特高側は告訴そのものの動きを封じ込めてしまった。

地下に潜行しながら活発な創作活動を展開する多喜二に対して、特高が「怒りとにくしみ」

を増大させていたことは、三三年二月初旬とされる、警視庁特高課のナップ係中川成夫が江口渙に言い放った「おそれ多くも天皇陛下を否定するやつは逆賊だ。そんな逆賊はつかまえしだいぶち殺してもかまわないことになっているんだ。小林多喜二もつかまったが最後いのちはないものと覚悟をしていろと、きみから伝えておいてくれ」(『たたかいの作家同盟記』下巻）という一節に明らかである。それを無慈悲に実行してしまったとはいえ、さすがに検挙当日に警察署内で拷問死に至らしめてしまったことは、特高にとっても実は望ましいことではなかった。ましてや治安維持法にもとづく司法処分による共産主義運動の逼塞化に自信を深めていた思想検察にとっては、おそらく特高の失態という認識ではなかったか。

もしも多喜二が虐殺に至らず、送検・起訴・予審・本公判という順序を経て司法的処断がなされたとすれば、どの程度の判決がくだされたといえようか。

そうした推測を加えるうえで、手がかりとなるのは三二年四月にあいついで検挙された東京地方裁判所による中野重治・蔵原惟人・村山知義への判決である。いずれも共産党に入党しており、目的遂行罪の適用より重くなるが、活動状況の違いがあってか、判決時期と有罪の程度は異なる。中野の場合、五月末に五・二〇シンパ事件の保釈が取消しとなり、保証金が没収されている。三四年三月の判決は懲役四年、未決通算四〇〇日だった。蔵原は予審終結が三四年七月で、判決は三五年五月、懲役七年である。三三年一二月の村山の判決は懲役三年となるが保釈が認められ、三四年三月の控訴審判決では懲役二年、執行猶予三年となった。中野は運動からの離脱という転向状況が考慮されているのに対して、蔵原は非転向のままだったために七年というかなり重い刑期となった。

このようなことから推測を重ねると、存命であったとすれば多喜二が非転向を貫くことは確かであろうから、その有罪判決は蔵原に近い五年から一〇年の間の刑期になったのではないだろうか。党加入の事実に加えて、プロ文化運動において創作面でも組織面でも重要な役割を果たしていると認定されたと思われる。

最後に三三年一二月二三日付の『社会運動通信』からもう一つ。「共産党検挙の六氏に功労賞」という記事では、警視庁特高課警部の中川成夫らに「第四次共産党一〇・三〇の大検挙に際し殊勲を立てた」として警察功労賞が授与されるとある。一〇・三〇大検挙とは、三二年のいわゆる熱海事件を指す。

おわりに

多喜二の死は治安維持法体制が生み出したものである。そして、特高は多喜二の死を心臓麻痺と言い逃れる一方で、その後の治安維持法事件の取調べにあたり、多喜二の拷問致死を持ち出し、威嚇を加えることを常とした。その前提には、多喜二の死が拷問によるものであることが広く一般に知られているということがあった。

前述の全集刊行の最初の試みは中断しながらも、三五年から三六年にかけて三巻本の『小林多喜二全集』と『小林多喜二日記補遺』・『小林多喜二書簡集』が刊行されるともに、新潮文庫版『蟹工船・不在地主』や改造文庫版『蟹工船・工場細胞』（いずれも三三年刊）は一九四〇年前後まで版を重ねた。それらの読者の多くは多喜二の死が拷問の末の虐殺であることを知っていたであろう。そして、三〇年代後半には「国禁」ともいうべき多喜二の書を読み、保持することが自らにも危険が及ぶことを十分に理解していた。

しかし、そうした危険を顧みず、伏字だらけながらも多喜二を読む行為はつづけられた。そのなかで少数ながらも、多喜二に影響を受けて社会の矛盾や不合理に気づき、社会変革への希望と意志を育んだ人が存在した。たとえば、北海道生活綴方運動に参加していく文学好きの青年教師にとって、多喜二の著作はその思想形成のうえで一つのステップとなり、教員同士の相互啓発の手段となった。その一人、道東の厚床尋常高等小学校に勤務していた横山真の場合、同僚教師に「多喜二『蟹工船、工場細胞』、『書簡集』」などの「各左翼小説ヲ夫々貸与シテ左翼意識ノ昂揚ニ努」（「予審終結決定」、四二年六月、小田切正『戦時下北方美術教育運動』所収）めたことが、共産党の目的遂行行為にあたるとして治安維持法で断罪されていく。読書行為さえもが目的遂行罪とされることは治安維持法の拡張解釈の際たるものでフレームアップにほかならないが、ここでは多喜二の著作がそのように危険を導くことを承知しながらも、なお読まれ、学ばれようとしたことに注目したい。その意味で多喜二の著作は、その死後も治安維持法と対峙しつづけた。

小林多喜二の生きた時代と現代 ――「我等何を、如何になすべきか」――

はじめに

今日はこういう機会を与えていただきまして、どうもありがとうございます。「小林多喜二の生きた時代と現代」と題して、副題で「我等何を、如何になすべきか」としました。これは多喜二が書いた日記（一九二八年一月一日）の最後の一節にある、「さて新しい時代が来た。俺たちの時代が来た。我等何をなすべきかではなしに、如何になすべきかの時代だ」というところから取ったものです。

この時、多喜二は拓銀に勤めております。数年間、彼の言葉で言えば「ジグザグ」がつづく、非常に躊躇逡巡している時代があり、社会主義への関心はずっと前からありましたが、なかなか自らを社会主義者と認めることができなかった。この二八年の新年を機に、自分は社会主義者だということを宣言します。「何をなすべきか」ということは、すでに多喜二にとってはっきりしていました。それをどう行動すべきかと、この日記に書きつけました。

現在の私たちは「我等何を」という部分において、やはりそれぞれいろいろな立場から、まだ躊躇逡巡するところがあります。そこの部分も含めて多喜二に学びたいと思っております。

まず、本論とはちょっとはずれますが、今まで一般的に多喜二が持たれているイメージ、それを少し崩すような、そんな資料を最初にご紹介して、それから本論に入っていきたいと思います。

多喜二のプロレタリア文学の仲間、同志の一人で、のちに皮肉屋の批評家となる大宅壮一は、多喜二が虐殺されたあとの新聞社の座談会で多喜二を評して「何処でもボロを出さない、非難すべき点が見当たらない」、「だから仲間でもみな尊敬する」、「素晴らしい人気がある」、そして「典型的な、理想的な左翼の闘士」であると述べています（『読売新聞』掲載「時代の人気者　解剖座談会」、一九三三年四月二二日）。この最後の「典型的な、理想的な左翼の闘士」というのは、多喜二の生前と死後においても、一〇年前に「蟹工船」が再び脚光を浴びた時も、そして現在もまずこういうイメージが多喜二に対して持たれているのではないかと思います。もちろんそれは間違いではないのですが、あまりこのあたりを強調すると、なかなか私たちには手の届かない人物になってしまいます。多喜二が実はごく普通の青年で、悩み、そして女の子にも興味を持つ、そういう青年であったという姿をまずご紹介させていただきます。

一枚目の「食パン店」の写真（写真①）、これは数年前に発見されたもので、新聞で報道された記事の写真です。多喜二一家が秋田から小樽に移って、新開地の築港で叔父さんのパン屋さんの支店を開きます。なんとなく小さなお店というイメージがありましたが、実際にはかなり間口の広い家です。この写真をもう少し拡大しますと、お店の前に並んでいる紋付姿の人が父の末松さんで、その隣にいる少年が多喜二です。その右隣がお姉さ

写真①　食パン店の写真
出所：2013年2月22日（金曜日）北海道新聞　朝刊　地方　小樽・後志
27ページ

んのチマさんです。母のセキさんはここには写っていません。もっとこの写真の解像度をよくすると、お店のなかにはビール瓶が、それもいろんな銘柄のものが並んでいる、現在のコンビニのようなお店であったようです。

多喜二は、しばしば自分は非常に貧しかったということを強調しますが、この写真でお店の構えを見ると、必ずしもそうでもない。小樽文学館館長の玉川薫さんの談話にも、店舗も大きく、ここで記念写真を撮っている、みんなの服装などもしっかりしており、そこそこの生活水準だったとあります。

それをもう一つ別の形で言えば、多喜二自身は小樽商業から小樽高商という学歴を進んでいく一方で、お姉さんのチマさん、それから妹のツギさんら、三人の姉妹がおりますが、この人たちも全員高等女学校を出ています。そこに叔父さんの経済的援助があったかもしれませんが、高等女学校を出ているということは当時の女性にとってはかなりの学歴と言えます。それができる中クラス、あるいは中の少し低い層かもしれませんが、多喜二の家はそんなに貧しくはなかったと考えた方がよい、一家を貧しく見せるというのはかなり多喜二の創作があるといえます。

二枚目の写真（写真②）。これはご存じの方もいらっしゃるかも知れません。多喜二が小樽高商を卒業して拓銀に入ります。その拓銀の一年目の大正一四（一九二五）年一月一五日とありますから、新年会です。「新中島」という料亭での新年会の写真です。拓銀の男性社員だけの、全員がはしゃいでいる姿です。多喜二がどこにいるか、おわかりになりますか。新入社員で一年目ですから、前列ではなく後列の右から二番目です。大きな口をあけて、歯を見せている姿。多喜二というとイメージされる、さきほどの「典型的な理想的な左翼の闘士」というところからはちょっと想像がつかない、対極にあるような破顔一笑している姿です。多喜二は事務的にも、それから調査能力としても銀行マンとしては大変有能だったと言われています。そして銀行員の仲間同士からも非常に慕われていました。演技としてこういう姿をしているというよりは、この時はとても楽しんでいる、この新年会を

写真②　1925年1月15日　小樽拓銀行員新年会「新中島」にて
出所：市立小樽文学館所蔵

とても楽しんでいる、そういう姿だろうと思います。

他に拓銀関係ですが、社員の懇親旅行、社内旅行の写真があります。これは酒匂《さこう》さん、あるいは酒匂《さかわ》さんという拓銀の上司の方のアルバムのなかに入っていた写真です。これも多喜二は旅先の旅館で非常にリラックスしていて、にこやかな顔をして写っています。

1　社会の「えぐり出し」から時代の「概括」へ

❶「憎悪」を原点に

先ほど一九二八年一月一日の日記のところを紹介しました。多喜二はそのあと間もなく、二月の最初の普通選挙運動に参加していきます。日記に自分の動静を書くことは危険なことになりますから、日記は一月一日で終わっています。その二七年から二八年にかけては、多喜二の文学観にとっても大きな転換点でした。多喜二はすでにこの時点で「蟹工船」について調査を始めています。実際に函館に行って漁夫や雑夫の人たちから話を聞いています、小樽でも「蟹工船」についての取材を始めていました。しかし、一九二八年の三・一五事件という大弾圧事件が彼の眼前で展開されると、まずこれを書かなければいけないと考えました。

この小説「一九二八年三月十五日」は五月二六日から二ヵ月くらいで書きあげます。あまり筆が走り過ぎるのを自分で戒めながら、うんうん唸りながら一つ一つ拷問の場面を書いた、と回想しています。多喜二はここで何を書いたのでしょうか。

自分が社会主義者であると宣言をする、その要因の一つは社会科学についての彼の理解が深まったことがあります。しばらく前から社会科学を学ばねばならないと決意し、『資本論』などを読もうとしていたのですが、なかなかそれらに歯が立たないで、途中で放棄することがつづいていました。そこに古川友一《こがわ》の主宰する小樽の社会科学研究会に参加する機会を得ました。集団で読む、そういうなかに多喜二も加わることによって、社会科学についての彼の理解は進みました。さらにその研究会のメンバーを通して、小樽の労働運動の活動家たちと接することになります。彼らは労働者ですから、小樽高商出の知識人である多喜二とは、いわばタイプの違う人たちです。今まで自分が接したことのない、友人として持ったことのないような人々、それを多喜二は「驚異」と呼んでいます。

その「驚異」と呼んで親しくなり始めた人が三・一五で次々と検挙されていく。小樽では五〇人くらい検挙されたと言われています。ほとんど多喜二が知っている人たちです。その人たちに小樽警察署や小樽水上警察署で「半植民地的な拷問」が加えられていることに、多喜二は「煮えくりかえる憎悪」を抱き、その実態を小説に書かなければいけないと考えます。小説によって「あらゆる大衆を憤激にかり立て」ようとします。「憎悪」というと、憎悪が憎悪の連鎖を呼ぶ、だから憎悪というのはあまりよろしくないと思われますが、多喜二はその「憎悪」ということを創作の原点の一つにしていました。それはずっと彼のプロレタリア作家としての創作活動のなかで貫かれました。

一九三〇年三月、多喜二は小樽を去って東京にやってきます。実は多喜二は小樽に戻ろうと思っていたと思いますが、結果的には東京で最後の三年間を過ごすことになりました。東京に来てからまもなく、多喜二は半年余りの獄中生活を強いられます。豊多摩刑務所では独房に入りますが、その前には三つの警察署をたらい回しにされました。おそらくそのときに多喜二はかなり激しい拷問を受けたようです。多喜二自身はそれを書いていませんが、新聞の談話によると、多喜二はこの三一年の一月に出獄したあとも、拷問の後遺症で顔面がゆがむような状況でした。三〇年五月に大阪でも拷問を加えられていますが、東京の警視庁の下で加えられた拷問に対して、そして半年余の拘禁に対して、「更に憎悪を新たにしてシャバに戻って」きました。

この半年間余の不在中にプロレタリア文学はどれだけ進展し、自分は置いてけぼりになっているだろうと考えて戻ってきました。ところが半年ぶりのプロレタリア文学の現状は、「水のようにサラサラとしている」（「文芸時評（一）」『中央公論』三一年五月号）、つまりプロレタリア文学の原点たるべき憎悪感が欠如していると多喜二には見えました。再び、多喜二はこの「憎悪」を原点に、新たなプロレタリア文学に挑んでいきます。

❷「カラクリ」の暴露

多喜二は小樽での習作時代には短編小説を多く書いていますが、小説「一九二八年三月十五日」以後、中編・長編小説に転換をしていきます。多喜二にとって文学は「社会のえぐり出し」の武器となることが自覚されたために、中編・長編小説に意欲的に取り組んでいきました。

そこでは広い視野に立つこと、そして今まで誰もやったことのない、前人未到の暴露を試みるという大きな抱負を持っていました。「蟹工船」のなかでも、その意図は何度も語られています。たとえば、「問題は、知っていないこと」だとします。カムチャッカ沖の漁場で働く漁夫や雑夫、まだ一〇代半ばくらいの少年もいるわけですが、その彼らが「知っていないことは、自分達は誰のためにどのように働き、タタキのめされ、どんなカラクリに繋がっているか、ということだ」というのです（「『蟹工船』の重な方向と目的」『読売新聞』二九年一〇月二〇日）。それを「蟹工船」で書いたと多喜二は言います。

この「カラクリ」について、自らが詳しく解説しています。「蟹工船」を完成させた直後（一九二九年三月三一日）、『戦旗』編集長ともいうべき蔵原惟人宛に、「蟹工船」の執筆意図について箇条書きで七項目に分けて書き送りました。雲の上の存在である蔵原宛に書くので、緊張してまず下書きを作っています。創作ノートのなかにこの下書きがあります。下書きとそれを清書した書簡が両方残っておりますので、それらを比べていくことができます。

そこで「資本主義は未開地、植民地にどんな無慈悲な形態を取って侵入し、原始的な搾取を続け、官憲と軍隊を門番、見張り番、用心棒にしながら飽くことのない略取をし、そしていかに急激に資本主義化するかということ」、こういうことを書きたかったと言います。この「門番、見張り番、用心棒」というのは、労働者を抑え込むための門番、用心棒というより、ソ連に向けての用心棒という意味合いが込められていますが、このことについてはのちほど触れます。

蔵原宛の手紙に戻ります。「プロレタリアは、帝国主義戦争に、絶対反対しなければならない」というところです。これは二九年に書かれたものですから、満洲事変の前ですが、前年には第二次山東出兵がおこなわれていました。当時の状況では戦争の前夜、あるいは戦争に突入していく段階と考えた方がいい。それを多喜二は「帝国主義戦争」と捉えています。戦争に反対すべきことは労働者も観念的にはわかっている、しかしもっと突き詰めて考えていかなければいけない。「どういうワケでそうであるのか、分っている「労働者」は日本のうちに何人いるか。然し、今これは知らなければならない。緊急なことだ」として、山東出兵に直面し、戦争の危機の前にいる意味を本当に理解しなければならないとします。

軍隊内の身分的な虐使、たとえば内務班でリンチがおこなわれていることは知られていました。黒島伝治は特にシベリア出兵における軍隊での兵士の虐使などを見事に描いていたプロレタリア作家ですが、多喜二はその虐待だけを描いたのでは戦争の本質、軍隊の本質をつかんだことにはならないと考えました。「ただ単に軍隊内の身分的な虐使を描いただけでは、人道主義的な憤怒しか起すことができない。その背後にあって、軍隊自身を動かす、帝国主義の機構、帝国主義戦争の経済的な根拠、に触れることができない」として、「帝国軍隊――財閥――国際関係――労働者」、これらを一本の線でつなぎます。これらが「全体的に見られなければならない。それには蟹工船は最もいい舞台だった」のです。

一〇年前に「蟹工船」が再び脚光を浴びたときに、蟹工船と現代の労働とは何ら変わらないではないかということが、一つのポイントになりました。多喜二はそれを八〇年前に見事に現在にまで伝わるように描いたわけですが、多喜二の意図は実はもう一つあって、戦争のカラクリ＝「一本の糸」を描くことにあったと私は考えています。ただ残念ながら、戦争のカラクリについてはエピソード的にしか展開できていない。でもそれはすごいことです。

それからもう一つ注目することがあります。「蟹工船」や「一九二八年三月十五日」という長編小説を書き始めたころから、植民地の朝鮮や台湾、それから中国への視点を多喜二は持っていたということです。朝鮮や台湾のプロレタリアに期待し、連帯を求めています。「不在作家」（『文芸春秋』二九年一二月号）というエッセイでは、「其処にこそ」、これは朝鮮や台湾のことを指していますが、植民地にこそ、「資本主義最後の段階たる帝国主義の、眼を覆うような事実がある、それを生血のしたたるビフテキのような具体性さを持って、えぐり出す作家はいないか」と、多喜二は呼びかけるわけです。朝鮮や台湾に真のプロレタリア作家出でよ、と望みました。

「蟹工船」が中国語に翻訳される際には序文を寄せています（一九三〇年四月上海大江書鋪版）。「蟹工船の残虐を極めている原始的搾取、囚人的労働が各国帝国主義の鉄の鎖にしばられて、動物線以下の虐使を強いられている支那プロレタリアの現状と、そのまま置きかえられることが出来ないだろうか。出来るのだ！」と彼は言っています。なお、訳本の序文末尾には、「あなたにかたい握手を！」が付されています（『小林多喜二全集』第五巻解題）。これらは連帯の強い意志を示しています。

❸「何時でも動いている作家」の自負

多喜二が自らを「何時でも動いている作家」（「四つの関心」『読売新聞』三一年六月一一日）、つまり立ち止まることなく常に新しいものを求めつつある作家と規定をしていることは興味深いことです。多喜二は作家には二つのタイプがあるとします。一つの主題をぐっとドリルを深く地下深くまで食い込ませて探究していくタイプと、次々に新しいテーマを見つけていくタイプ。多喜二は自らその後者にあたると言います。

多喜二は「蟹工船」を書く段階では「一年に二作主義」(斉藤次郎宛書簡、二八年一二月六日)、つまり中編・長編小説を書くことを自らに課し、あるいは「打たばホームラン」と表現をしています。三振かホームランか、ということを彼は常に意識し、常にプロレタリア文学にとって「エポックを作るもの」(斉藤宛書簡、二九年一月九日)、そういうものを書きたいと努めていました。

具体的に見れば、たとえば「不在地主」(『中央公論』二九年一一月号)という「蟹工船」の次の作品では、「資本主義が支配的な状態のもとの農村」である富良野の磯野農場が舞台になっています。「小作人と貧農には、如何に惨めな生活をしているか、ということが問題なのではなくて、如何にして惨めか、またどういう位置に、どう関連されているかが、(彼等自身知らずにいることであり、)それこそ明かにしなければならない第一の重大事」と、『中央公論』の編集者雨宮庸蔵に向けて、自らの作品の意図を書き送っています(二九年九月)。

次の「暴風警戒報」(『新潮』三〇年七月号)は、小樽の労働運動の再建にあたっての中編的な作品です。多喜二は「可成りの冒険」をして「政論的な要素」をそのままに入れた、と編集者楢崎勤に語っています（二九年一一月四日）。

長編小説としては「工場細胞」（『改造』三〇年四月号から六月号）があります。これは現在の小樽の運河のそばにあり、建物も残って操業している「北海製缶」というカニや鮭の缶詰を作っている工場を舞台にしています。「新職工読本」と題し、ベルトコンベアによるオートメーション化が進んでいる「最も「資本主義化」された「近代の」工場」を描いています。多喜二は「芸術的な点でも、今迄の「蟹工船」「不在地主」が持っていた欠点」を自覚・清算し、「筋の変化」と「女工間のエピソオド」も考えて、「読みづらいことを避けるために努力」したと語っています（編集者佐藤積宛書簡、三〇年一月三〇日）。

多喜二は「何時でも動いている作家」とは、「本当のプロレタリア文学の鉱脈」に打ち当てるために「傲慢な爪立ち」（『時事新報』三〇年五月一九日）、背伸びをしている、そういう努力を自分は繰り返していると言います。

豊多摩刑務所での獄中生活を強いられると、多喜二は創作への、それから読書への非常な渇望をかきたてられることになりました。彼はそのなかで自分のことを、「汲み上げられてきたクラゲ」と例えています。何もできないということです。多喜二の面白いところは、その一方で、自分の今までの文学、ここでは代表作とされる「蟹工船」や「一九二八年三月十五日」、それから「不在地主」「工場細胞」などを「綴方文学」、「作文」的なものに過ぎなかったと、非常に厳しい自己評価を下していることです。

なぜ多喜二がそういう自己評価に至ったかというと、獄中生活ゆえに余りある時間を持つことができましたので、そこで差し入れをしてもらった、今までは読む機会と時間のなかったアンドレ・ジイドの作品、ディケンズやバルザックの作品、こういうものを獄中で悠々と読めるようになる。これらの海外の古典と呼ばれている作品に比べてみると、自分の作品というのは綴り方のようなものだったと強く自省をしたのです。

そして出獄後、また「憎悪」を新たにして創作活動に励むことになりますが、そこでも自作への愛想をつかしています。自作に対する「無慈悲」な省察を加えて、「欠点沢山の「過渡的」なもの」(「四つの関心」)であったと言うのです。たとえば「一九二八年三月十五日」の「大きな欠点は、最初の意図にも拘らず、三・一五事件を結局一面的にエピソオード的にしか描いていないということ」に求めます(「「一九二八年三月十五日」の経験」『プロレタリア文学』三二年三月号)。「工場細胞」については、労働者が立ち上がるという「最大公約数のような作品」だったとします。「ビラがまかれ、すぐ大衆の間に動揺が起り、デモやストライキが起こるという式の現実の観念的な省略」がおこなわれてしまった、と彼は振り返ります(「「静かなるドン」の教訓」『国民新聞』三二年八月一七日)。

自らの作品が綴り方文学であると自覚をして出獄後には新たな創作に努めますが、その作品にもまた厳しい目を向けていきます。「工場細胞」の第二部と言われる「オルグ」（『改造』三一年五月号）、これは神奈川県の七沢《ななさわ》温泉逗留中に書かれた作品ですが、「固定化一様化の代表作」とみなします。その次に書かれた「独房」（『中央公論』三一年七月号）、これは豊多摩刑務所での体験を書いたものですが、これも「日常些末的な」ものであったと言いきってしまいます（「「転形期の人々」の創作にあたって」『短唱』三二年二月号）。

もちろんそれぞれの作品を描くときには、「プロレタリア芸術確立のための作家の努力とその作品の段階的、実際的効果のための努力とは決して矛盾するものではない」（前掲楢崎宛書簡）として、そのときは一生懸命に、新たな方法論のもとに書いてみたわけですが、実際に書きあげて、少し時間を置いてみると、あるいはいろいろな批評を聞くと、上にあげたような厳しい自己批判をくださざるを得ない、ということです。

多喜二は一方ではそういう厳しい姿勢を取りつつ、さまざまな創作上の工夫と努力をしています。先ほど「憎悪」が足りない、「憎悪」から発しなければいけないと言ったことと矛盾するようにも見えますが、プロレタリア作品のなかにも、もっとゆったりした、多喜二の言葉を使えば、「悠長なプロレタリア作品と安坐《あぐら》をかいたプロレタリア作品」があってしかるべきで、「沢山のプロレタリア作家にたまにはそのムズカシイ顔をホコロばせて、安坐をかいてもらいたい！」と、こんなことも多喜二は言っているのです。これはとても多喜二らしいことだと思います。多喜二は「座談の名手」と言われていました。

文壇デビュー以来、多喜二は主に長編小説に力を入れてきました。長編小説はもちろん壮大なテーマとスケールを持つわけですが、時間に余裕のない、日々追われている労働者がゆっくりそれを読む暇はなかなかない、発表誌の『中央公論』や『改造』などはやはり知識人向けの雑誌で、労働者が手に取ることはあまりありません。多喜二は本当に読ませたい読者に作品が届かないことにジレンマを覚えます。それを克服する一つの手段として、ほんの二、三分立ち止まるだけで読めるような、三〇〇字とか五〇〇字とかの短い作品を彼は積極的に書いていきました。みんなが出入りする食堂の壁などに張り付けられましたので、「壁小説」と当時言われました。その見事な実践の一つが、「テガミ」という子どものカタカナの作文という形式の小品です（『中央公論』三一年八月号）。そして、こうした創作の模索をつづけながら、多喜二は時代を概括する作品世界の構築に入っていきます。

❹「時代を概括」する作品群へ

多喜二が「蟹工船」や「一九二八年三月十五日」を書く段階では、大きく時代の様相をつかみ上げたい、社会をえぐり出したいと言っていました。そこからこの三〇年代になると、時代まるごとを概括するような作品へと進展をしていったと思います。

最初の試みは『都新聞』に連載された「新女性気質」、のちに「安子」と改題される作品です（一九三一年八月から一〇月）。よりそれが本格的な作品になっていくのが「転形期の人々」という作品です（『ナップ』・『プロレタリア文学』三一年一〇月から三二年四月）。これは小樽を描いた作品です。彼はその意図について、「時代を概括した、時代に透明したもの」、そして「今迄の作品になかった労働者農民の真実に働いている、或いは食っている場面を描きたい」としています。

多喜二はそこで三つの観点に基づいて一つの時代像というものを提示できると考えます。一つは「オルグ」という作品のなかで自分の欠点としてみつめた「固定化一様化」の克服、それから「独房」の欠点としてみとめた「日常生活的さ末的なもの」の克服、さらにもう一つは「文学の党派性」の確立です。多喜二はもうこの時点で共産党員になっていますが、それを踏まえて「現在の我々の任務、即ち共産主義的方向を強化しつつ、労働者階級の多数者を獲得するという任務」、これに向けて創作がなされなければならないと言うのです。これはある面で言えば、のちに志賀直哉が多喜二の作品を評した「主人持ちの芸術」ということになるでしょう。多喜二はそれを自負しつつ、自覚しつつ、次の「沼尻村」、「党生活者」、「地区の人々」という連作を書いていきます。いずれも時代と大きなスケールで対峙する長編構想、しかし残念ながらいずれも第一章で終わってしまいます。「転形期の人々」は一〇〇〇枚位書く予定だったのがまだその序盤に止まってしまった、それでも十分なスケール感を私たちに伝えてくれます。

そして多喜二は創作活動と共に、社会運動の実践に力を注いだことも見落とすことができません。小樽の労働運動の再建、それから東京時代にはプロレタリア文学同盟の書記長としてのさまざまな活動があります。さらに日本反帝同盟執行委員として、満洲事変に直接関わって上海・極東反戦会議（三三年八月開催予定）に向けて奔走する、その途中で多喜二は殺されてしまいます。

2 多喜二の戦争観・軍隊観

❶「帝国主義的略奪戦争」に抗して

ここからは多喜二の戦争観・軍隊観について考えたいと思います。多喜二の虐殺をフランス共産党の機関紙で、現在も続く『ユマニテ』が報道しています（三月一四日）。この報道に関しては、ロマン・ロランが深く関わっていることが明らかになっています（高橋純「多喜二とロマン・ロラン――幻の抗議文をめぐって」『治安維持法と現代』第三六号、二〇一八年四月）。『ユマニテ』の記事には、「過去数ヶ月間に彼は決然として、極東における帝国主義的略奪戦争および反革命戦争に抗する運動の先頭に立ち続けていたのだった」とあります。そして、「彼の不屈の革命的活動は日本帝国主義の脅威となっていた」と評しています。

中国からは魯迅が母セキさん宛に弔電を送ったことはよく知られています。その魯迅は郁達夫らとともに小林多喜二の「遺族のために義捐を募る書」も発表します。そこでは「満洲事変の後、日本国内にあって中国への侵略に反対していた一人」だった多喜二が、「自国の軍閥に反対したために毒手にかかったと聞き、深く憤慨せざるをえない」と記しています。

この多喜二虐殺の意味を考えてみると、小説「一九二八年三月十五日」で拷問の実態を暴露したことが特高の逆恨みを買ったことは確かです。しかし、それだけではない。この『ユマニテ』や魯迅が評したように、多喜二が戦争遂行の「カラクリ」を的確に見抜き、帝国主義戦争に全身で抗していたがゆえに、すなわち為政者にとってその存在が脅威とみられていたことが虐殺につながりました。

帝国主義戦争に反対することについて、多喜二自身はこんなふうに書いています。満洲事変のほぼ一年後の一九三二年の「八月一日に準備せよ！」という文章（『プロレタリア文化』三二年八月号）で、「戦争が外部に対する暴力的侵略であると同時に、国内に於ては反動的恐怖政治たらざるを得ない」、つまり戦争を遂行するためには国内の弾圧が不可欠で、それがどんどん強化されていくということを多喜二は的確に見抜いていたのです。同時に「賃下げ、大衆的馘首、労働強化が経営内に行われ、ファシスト、社会ファシスト、愛国主義者、平和主義者（略）の残るところなき利用、警視庁と憲兵隊の協同」などの弾圧と国民統合の仕組みが巧妙に、より強化されていることも視野に入っていました。警視庁では三二年六月に特高課を特高部へ拡充させています。

多喜二の文章に戻ると、「在郷軍人、青年団、青年其他の組織の軍事編成、あらゆる革命的諸組織への徹底的弾圧」が加えられつつあるのが現状であり、これらのものが「来るべき戦争遂行の準備と密接に結びついている」とします。実はこれは共産党の機関紙『赤旗《せっき》』に載ったものに依拠しており（第八二号掲載「八月一日を準備せよ!!」）、多喜二の完全オリジナルというわけではありません。しかし、満洲事変後の社会や文化の状況を仔細に観察する多喜二にとって、こういう現状の認識はきわめて的確なものでした。

八〇年以上前の多喜二の認識と、現在の安倍政権における状況を比べてみた場合、安倍政権は「戦争ができる国」をめざしているということを多くの人が指摘しています。私なりに捉えれば、新たな戦時体制の確立が眼前に迫っているということになります。

ここでいう戦時体制とは、二つの意味を持っています。一つは文字通り実際に戦争をする体制です。そうなれば国家の危機の名の下に、政治や経済、教育、社会・文化のあらゆる面での統制と統合が急速に展開し、整備されるとともに、それに対する批判的な社会運動や意識の抑圧、基本的人権の縮小は不可避です。出版・言論の統制と動員もおこなわれます。これらは過去、多喜二の時代とそれ以降に「戦時体制」として実際に経験したことです。

現在、こうすぐなりうるか。かつては関東軍の暴走というところから出発したわけですが、現在の自衛隊が暴走してこういうかたちで新たな戦時体制が確立していくかというと、それはあまり考えられないように思います。ただ、朝鮮民主主義人民共和国や中国との関係でいえば、安倍政権は意識的に緊張状態を作り出していますから、そこに偶発的な、あるいはもしかすると謀略的なかたちで戦争が惹起し、拡大していくおそれはあり得ることです。

新たな戦時体制としてむしろより現実的なのは、現在の日本を取り巻く情勢が厳しく、戦争の危機が迫っているということを強調することによって、国内に緊張状態を創出し、あるいは排外主義的気運を高め、それらをずっと持続させる、そして為政者層の意向に対する異論や不満を封殺し、いわば為政者層に望ましい秩序がずっと継続するような状況、これがむしろ現在起こり得ることなのではないだろうかと考えます。その一部はすでに現実化していると言ってよいでしょう。

二〇一二年に発表された自民党の憲法「改正草案」のなかにその片鱗が現れています。現在は憲法改正をお試し改憲のようなかたちでやろうとしていますが、「改正草案」のなかには「非常事態」の条項が組み込まれています。そこでは、内閣総理大臣に権限を集中させ、基本的人権の制限などをごく簡単な手続きで実現できるよう組み立てられています。

❷ 戦争の本質の追及

多喜二は社会主義者と自ら宣言することにまだ躊躇がある段階から、戦争一般についての反対論について懐疑的でした。つまり「どうでもこうでも平和論」、あるいは「なんでもかんでも平和論」を否認していました。第一次世界大戦後、ドイツの作家レマルクに心酔した時期がありましたが、そこを経ることにより、「人道主義者等は、まず何よりもこの戦争の本質から眼をつぶってそこからただ戦りつや残忍や苦悩を抽出してきて、戦争一般に反対する」と、レマルクの反動性を見極めるようになります（「戦争と文学」『東京朝日新聞』三二年三月八日）。人道主義では戦争の本質をつかみきれない、と批判するのです。

満洲事変後、多喜二は「ある戦争がプロレタリアートの階級的利害にとって進歩的であるとき、我々は其戦争の先頭に立たなければならない」と言い切るようになります（同前、三二年三月九日）。いわば革命のための戦争を多喜二は肯定しているわけです。

眼前の満洲事変についてはこんなふうに言います。「今度の戦争は、「植民地の再分割」のための、「中国革命圧殺」のための、「ソヴェート同盟干渉」のための帝国主義戦争であり、それは第二次帝国主義大戦の直接的契機をハランでいる」と（「文芸時評（四）」『読売新聞』

三二年四月二日）。そして「戦争とファッシズムに対する闘争」から、「戦争と絶対主義（天皇制）に対する闘争」へと、彼は目を向けていきます（「闘争宣言」『プロレタリア文化』三二年一一月・一二月号）。

❸ 戦争の「後ろ」にあるものへの視点

戦争観を見る際、とりわけ多喜二らしいところとして、常に「戦争の後ろにあるもの」に注目していたことがあります。

多喜二が一七歳で書いた投稿小説「老いた体操教師」（『小説倶楽部』一九二一年一〇月号）という設定自体も非常に興味深いのですが、ここでは割愛します。

映画好きの多喜二が、現在は恋愛映画として知られている「第七天国」というアメリカ映画を見て、きびしい批評を加えています（『シネマ』二八年六月号）。「第七天国」の主人公シコーが、「み国の為だ、み国の為だと云って、ただそう興奮して、妻子を捨て、仕事を捨て、戦争に走ってゆく」。これはパリの下水道掃除の仕事をしている労働者がようやく結婚したものの、第一次世界大戦が起こると、「み国の為だ」と愛国心を燃やして出征していきます。そして妻のもとに戦死の一報が入るのですが、実際にはシコーは盲目になってアパートの屋根裏、つまり第七天国に駆け登って二人が再会をする、そういう場面で映画は終ります。「腕一本を無くし、足をなくし、目をなくして帰ってくる。俺は偉い、俺はみ国のために尽してきた、俺は……俺は……。そして普通の写真はここで終っているのだ」。この「第七天国」でもそうです。

しかし、多喜二はそうではなくて、そこから物語は始まる、そこからあの最後の場面を最初として映画や小説は描かれなければいけないと考えたのです。多喜二はこの映画を「社会関係から小ぢんまりと遊離した」ものとみなしました。シコーは傷痍軍人として戻ってきたわけですが、その人たちのその後の生活はどうなるのか、そこに多喜二は鋭く注目しました。

❹「戦争」を求める国民への注目

多喜二の「戦争観」で卓越しているところは、国民のなかから、民衆のなかから戦争を求めていく、戦争に自らつながっていくものがあったという点に注目していることです。

「蟹工船」のなかには、漁夫や雑夫が軍隊への素朴な憧れや親愛感を語る場面がありますが、ここでは「不在地主」のなかで語られた民衆の軍隊への憧れを見てみます。北海道の「S村」を舞台にした軍隊の機動演習がおこなわれ、一戸に二人ずつくらい兵隊が民泊をすることになる、それで農民たちは夢中になっているとして、「兵隊のことになると、子供と同じだった」と書きます。第一次大戦に日本が参戦したときに中国・青島で負傷した在郷軍人が一人言を言う場面も描かれます。「やっぱり兵隊って、ええものだね。――ラッパの音でもきいたら、背中がゾクゾクしてくるからね」、これが当時の大多数の民衆が軍隊に持っていた実感でしたが、それを多喜二はやはりきちんと見ていました。したがって、その憧れや親愛観をそぎ落とすことの難しさも、よく理解していました。

「工場細胞」のなかでは、「国家的義務」、「み国のために」というカラクリを暴露します。「軍需品を作るS《札幌》市の製麻会社や、M《室蘭》市の製鋼所などではそれ〔労働時間の延長〕が単なる「営利事業」ではなくて、重大な「国家的義務」であるという風に喧伝して、安々と延長出来た事例があった」と書きます。戦争に勝つための「国家的義務」として、労働者は長時間の労働を強いられました。

短編ですが、「七月二十六日の経験」（一九三一年九月）を見てみます。これは日付を見ていただければわかりますように、満洲事変の直前の設定です。多喜二はこんなふうに書きます。「子持の信州が「戦争がおッ始まれァ、景気が出て、どんなに助かるかしれないが。」と、ビラをもみくちゃにしている。信州は日露戦争のことを知っていた。戦争でもなかったら、これから労働者は底なしの淵にブチ込まれると同じだ。……この工場の大抵のものは、百姓が雨でも待っているように、戦争が来てくれるのを待ちこがれている。やりきれないのだ」。組合の蒔いた反戦ビラは「もみくちゃにして」棄てられる一方、干天のなか雨を待ちわびるように、戦争により好景気が来て仕事が回ってくることに一縷の望みを託している、そのことに多喜二は眼を向けていました。

❺「小さい形式」の作品と「社会的テーマを扱った」作品

多喜二は満洲事変後、何をなすべきかということについて、作家同盟書記長という立場から書きます。「我々がファシズムに対する闘争に於ける最大の弱い環として指摘しなければならないことは、その作品活動の不活発である。ファッシズム、帝国主義戦争に対する闘争を「直接的に」取り扱った所謂「小さい形式」の作品をドシドシ生産すると同時に、この未曾有の状勢に於てこそ、社会的テーマを扱った偉大なる形式の作品を作ることが可能なことを理解し、そこに新たな関心を集中すべきである」と(「第五回大会を前にして」『プロレタリア文学』三二年四月)。

具体的な創作活動として、二つのことを言っています。まず、どんどん短い作品、壁小説のようなもの、つまり「小さい形式」の作品を書こうということです。多喜二自身も「級長の願い」(『東京パック』三二年二月号)・「失業貨車」(『若草』三二年三月号)などの短編を発表していました。同時に、編集部に加わっている『赤旗』に、「郷利樹《ゴーリキー》」や「高山鐵」のペンネームで、自ら短編小説を載せていきます。第七二号(三二年四月二三日)の「闘争余白（3）ある老職工の手記」、第八三号から八八号（三二年七月から八月）の「村の事件」などが確認されています。

もう一つは「社会的なテーマを扱った偉大なる形式の作品」を作り出そうという提言です。多喜二自身でいえば、すでに触れた「党生活者」や「地区の人々」がこれに当たります。

あらためて見ますと「党生活者」のなかには、満洲事変後の総力戦のカラクリをえぐり出す見事な描写があります。実在の藤倉工業をモデルとする倉田工業の工場長が次のような掲示を出したという場面を設定します。労働者にこれからもっと働いてもらわなければならない、その論理づけですが、「国益」や「権益」を全面に出します。「若しも、皆さんがマスクやパラシュートや飛行船の側を作る仕事を一生懸命にやらなかったら、決して我が国は勝つことはできないのであります。でありますから或いは仕事に少しのつらいことがあるとしても、我々も又戦争で敵の弾を浴びながら闘っている兵隊さんと同じ気持と覚悟をもってやっていただきたいと思うのであります」。これは井上ひさしさん流に言えば、「もっともらしい理屈」（『組曲虐殺』）ですが、それに「だまされるな」という強いメーセージが込められました。「社会ファシズム」と先ほどの「八月一日に準備せよ！」では表現をしていましたが、それはもう少し言えば民衆のなかから戦争に協力をしていく勢力を指しています。多喜二はそうした国家の側に回る動きを暴露し、糾弾します。「党生活者」のなかでは、労使親睦団体の「僚友会」という組織の、満洲事変は「プロレタリアのための戦争」なのだと主張を取りあげます。「今迄のようにただ「忠君愛国」だとか、チャンコロが憎いからヤッつけろとか、そんなことではなくて、今度の戦争は以前の戦争のように結局は三井とか三菱が、占領した処に大工場をたてるためにやられているのではなくて、無産者の活躍のためにやられているのだ。満洲を取ったら大資本家を排除して、我々だけで王国をたてる、内地の失業者はドシドシ満洲へ出掛けてゆく、そうして行くは日本から失業者を一人もいなくしよう。ロシアには失業者が一人もいないが、我々もそれと同じようにならなければならない。だから、今度の戦争はプロレタリアのための戦争で、我々も及ばずながら、その与えられた部署部署で懸命に働かなければならない」。これも民衆の耳に届きやすい、「もっともらしい理屈」です。

このエセ「プロレタリアのための戦争」に対して、今こそ暴露するチャンスであり、反戦闘争に発展させる可能性がそこにあるとも多喜二は描きます。「地区の人々」のなかで、バスの車掌の久保田という女性に次のように語らせます。「今度こそは、殊にこれが帰休兵の馘首問題であるだけ、この闘争は広汎な反戦闘争に発展させ得る可能性を多分に持っていると思うんだ。更にこの場合、戦争の強行ということが資本家の我々に対する攻撃の層一層の強化＝臨時工との交替による大量的馘首、賃下げと密接に結びついているわけだ。今度の事件ぐらい、戦、争、と、労、働、者との利害関係＝カラクリについて広汎なアジ・プロを展開する好機はないと思うんだ」と。

そして、反戦反軍運動の展望を「火を継ぐもの」として描き出しました。小樽を描いた「地区の人々」の副題は、「火を継ぐもの」になっています。そこではしばらく意気消沈していた兼さんという人物が、満洲事変後の反戦反軍運動の高まりのなかで復活をしてきたと設定し、兼さんにこんなふうに言わせるのです。「ゼネ・ストの後もそうだったが、労働者というものは反動的な指導者の後をついて行きながら、その道行きで、およそ其等の指導者が思いも寄らなかったような革命的経験を手づかみにするものなんだよ！　だからダラ幹どもが、俺等をなめていると、キット手を噛まれるんだ！」と。この兼さんは実在する人物がモデルで、戦後も小樽の労働運動をやった方と聞いております。

なお、ここでは触れる余地がありませんが、プロレタリア文学同盟書記長としての評論・理論活動はもっと注目されてよいものです。「日和見主義の新しき危険性」（『プロレタリア文化』三二年八月号）以下、かなり長い評論を書いていますが、私自身、これらはもっとよく読み込んでいきたいと思っています。

❻ 平時の軍隊の役割を理解する手がかりとして

先ほど「蟹工船」について、多喜二には帝国主義戦争のカラクリを明らかにするというもう一つの意図があったとお話しました。残念ながらそれを構造的に描くことまではできず、いくつかのエピソード的なものにとどまってしまったのですが、そこをヒントに、考えたことです。

「蟹工船」には海軍の駆逐艦が登場してきます。あまりの虐使の末に自然発生的なサボタージュがおこった最後の場面では、駆逐艦の将兵により漁夫・雑夫のリーダーたちが簡単に検束されて連行されてしまいます。監督浅川と駆逐艦の連携によって、ストライキが鎮圧される場面です。そこだけを見ると、多喜二の蔵原宛書簡にあった「門番、見張り番、用心棒」とは、資本家のためのという意味になりそうですが、実際の北洋漁業においては工船上の争議・紛擾などを軍隊が鎮圧した事例はなかったようです。

では、駆逐艦の「門番、見張り番、用心棒」という主たる役割はどのようなものだったのでしょうか。結論的に言えば、北洋漁業の権益を擁護・保護するために「門番、見張り番、用心棒」として駆逐艦がカムチャッカ沖を警備巡行していた、ということになります。具体的には、蟹工船の領海侵犯などの違法操業に対するソ連側の警戒と取締を駆逐艦が威圧を加えて妨害・牽制するという行動をとります。

現在自衛隊の基地があります陸奥湾の青森県大湊市には、戦前、海軍の要港部（のち警備府）が置かれていました。春になると、そこから駆逐艦が二隻ずつ二ヵ月ぐらい、カムチャツカ半島の東西沿岸に派遣されます。工船蟹工船の操業が本格化しはじめる一九二四年に派遣された第一八駆逐隊の「堪察加《カムチャカ》警備報告」（防衛省防衛研究所図書館所蔵）には、「毎年の漁期に於ける同胞数万の生命及数千万の国益を保護するは之れ吾海軍の使命にして、其の趣意に於いては支那の警備と同様なるべく」とあるほか、「日露問題円満解決の暁に於ても、其の生命財産の安固を保証すべき警察なく無武力なる堪察加方面には、帝国海軍の擁護無くしては到底充分なる漁業家の活躍は不可能なるべきを信じて疑わず」と記しています。ここにはっきりと、海軍の役割が「同胞数万の生命及数千万の国益」の保護や「漁業家の活躍」のための保障にあることが自負・自覚されています。

私はようやくこういう史料を読んで、遅まきながら海軍の役割に気づきました。軍隊というものはやはり戦争の主体にほかなりませんが、その戦争の時間＝戦時というのは特別の、一定の期間に過ぎません。そうすると大部分は平時なわけで、そこでの軍隊の役割、あるいは基地の役割に眼をむける必要があります。ここで、沖縄の基地の役割と言うものがすとんと胸に落ちるわけです。そういうことに多喜二は気づかせてくれました。

さらにここからは軍隊そのものがもつ治安機能、多喜二はそれを「軍人精神」の浸透、徴兵制度、在郷軍人会、青年訓練所などとしてとらえていますが、これらの意味を考えていく必要があります。

おわりに

安倍内閣がいろいろな抵抗がありながらも、ある青写真に沿って安保法制、共謀罪などを成立させていく、そういう状況に私たちは閉塞感を抱いてしまいがちです。しかし、よく考えてみれば、それは多喜二が直面した満洲事変後の閉塞性に比べれば比較になりません。多喜二は弾圧に直面する、その困難性の大きさや暗澹たる思いの深さのなかで、常に現代に届く未来への展望を語っているように見えます。

まず多喜二はそれをもっとも深い闇の底にいた田口タキに宛てて語っていました。冒頭で多喜二一家がそれほど下層ではなかったということをお話しましたが、タキを知ることによって、社会の最も下層の人々を知ることができたといえます。そのタキに向けて、現在知られている最初の手紙の、しかも冒頭に「闇があるから光がある。そして闇から出て来た人こそ一番本当に光の有難さが分るんだ」という大変に印象的な一節があります。まだタキさんはこの時には「やまき屋」で働かざるをえない身の上です。九ヵ月後、多喜二が自分のボーナスと友だちからの借金でタキさんを救い出しますが、やがて問題はそれで解決しないことを多喜二は理解するに至ります。

「党生活者」の最後のところに、多喜二は「胞子の拡散」ということを書いています。「彼奴等は「先手」を打って、私たちの仕事を滅茶々々にし得たと信じているだろう、だが、実は外ならぬ自分の手で、私たちの組織の胞子《たね》を吹き拡げたことをご存知ないのだ！　今、私と須山と伊藤はモト以上の元気で、新しい仕事をやっている」と。しかもこの作品はまだ第一部です。第二部、第三部と続くということを彼は構想していたのです。

翻ってみれば、「蟹工船」にもその付記のなかでこんなふうに書いています。「「組織」、「闘争」――この初めて知った偉大な経験を荷って、漁夫、年若い雑夫等が、警察の門から色々な労働の層へ、それぞれ入り込んで行った」と。駆逐艦が来て銃剣をつきつけてリーダーたちを検束していってしまった第一回目のサボタージュは失敗し、鎮圧されるわけですが、残された労働者はその教訓を学んで、また軍隊とはこういうものだということも学び、二回目のサボタージュを成功させたと、この付記に書いています。そういう経験をつんで、その「胞子」は「色々な労働の層へ」つながり、広がっていくと、多喜二は希望を込めました。

多喜二が虐殺されてから、一九三七年に日中戦争が全面化し、アジア太平洋戦争に入っていく、戦時体制は急進展をしていきました。そういう点では逼塞状況がますます深まっていき、そして敗戦という事態になるわけですが、その後の「民主化」と「非軍事化」ということを考えれば、つまりここで一九三三年から一九四五年までのスパンで考えれば、「組織の胞子」、つまり多喜二たちが蒔いた「組織の胞子」が発芽したと言えないでしょうか。

そこでは母セキさんが言った言葉が思い出されます。「いつか多喜二は、屹度《きっと》我々の主張することが、必ず実現される時代がくると思うと言ったことがありますが、丁度それは今の世のことを予言したようなもの」（『母の語る小林多喜二』）と。これは一九四六年の二月から三月にかけてお母さんが語ったことです。お母さんの目にも社会がどんどん動いてきているということがはっきりと見えている、多喜二の時代が今始まろうとしているということをセキさんは確信していました。多喜二の死後、一〇年余を経て、そういうことが実現しつつあった、そして、そのまま戦後の社会は順調に育っていったわけではなく、その後もまだ紆余曲折、ジグザグを辿って現在に至っているということになります。

もう一つ多喜二は、「何代がかりの運動」ということ、それから先ほども触れました「火を継ぐもの」への希望を語っています。

多喜二が普選運動に参加した小説「東倶知安行」のなかの前半の描写です。小樽から倶知安に行く列車のなかで、鈴本、これは実際に小樽にいた労働運動の有名な人物で、「ひげの源重」、鈴木源重という人がモデルです。この人物に、「俺達の運動は皆今始められたばかりさ、何代がかりの運動だなァ」と言わせます。また、この作品のなかでは、倶知安の羊蹄山麓の農民運動をずっとやってきた老人を登場させます。その老人は、青年時に幸徳秋水にかわいがられた人物という設定になっています。

あるいは「工場細胞」のなかで、河田という人物に言わせています。「俺だちのようなものが、後から後から何度も出てきて、折り重なって、ようやくものになるというようなものだから」と。先ほど申し上げましたように、「地区の人々」の副題は「火を継ぐもの」でした。この小説では平賀という人物が小樽から運動が弾圧されてようやく東京に出てくる、そして私、これは小樽出身という設定ですから、多喜二を想定しているといってもいいと思いますが、私に「今迄僕らが小樽でやったことについては、どんなに笑ってくれてもいいです。だが、我々が地区の火だけは消さずに、今こうやってあんたに継げたかと思うと……」と伝えたという場面を描いています。「地区の人々」というのは小樽の西側の地区、手宮という人口が二万人ぐらいの、国鉄労働者や港湾労働者が多くいたその地域の労働者の伝統というもの、これを引き継いだというふうにここで言うわけです。

多喜二に学ぶものは、時代まるごとをつかむような、現状の全的な把握によって、現在の安倍政権の新たな戦時体制構築と対峙していくことができることです。もう一つは、多喜二から変革への意志と実行を学ぶことにあります。

眼前の事態に一喜一憂することなく、閉塞感にとらわれることなく、私たち自身がそれぞれできる範囲での「胞子」の拡散を心掛けることが今求められています。シールズという団体が解散するときに「培養土」という表現を使っていたのでそれを拝借すると、現在と次代への培養土たること、少しスパンを長く見て「何代がかりの運動」を展望することも求められています。「何代がかりの運動」だから、何十年かたてば自然とそうなるということではもちろんないわけで、そこには懸命な努力と、それからいろいろな工夫というものが必要だと思います。そういうものへの覚悟と希望というものを私たちは持てるということを、多喜二から学びたいと思います。

ありがとうございました。

君の手を握る！　――多喜二の獄中書簡から――

みなさま今晩は。本日は、こういう機会を与えていただきましてどうもありがとうございます。お礼を申しあげます。

今年（二〇〇九年）は全国的に暖かいようですが、小樽・北海道も例年に比べて暖かく、雪も少ないように思います。小樽に住み始めてもう二〇年になりますが、今まではよく一年を通してトータルすれば雪の量はあまり変わらないと聞いてまいりましたが、どうも今年はそれとは合わないで、雪は全体的に少ないようです。

小樽でもちょうどこの時間にマリンホールという所で多喜二祭をおこなっております。ここと同じ二一回になります。戦後まもなく小樽、札幌などでも多喜二祭が開かれてきました。断続的に五年に一度位とかという形で開かれてきたようですけれども、ここ二〇年あまり毎年開かれています。多分、この時間帯、浜林正夫先生がお話をされているかと思います。

ご存じの方もいらっしゃるかも知れませんけれども、ちょうど多喜二が赤坂で検挙されて、築地署で拷問が始まるという、午後二時前後を期して墓前祭が開かれております。お墓は、奥沢という市営の墓地の山腹の所にありますので、夏ですと車で近くまで行って歩いていきます。今は文字通り雪のなかですので、ボランティアの方が雪踏みをして、二〇〇メートル位一筋の道をつけて、そして、多喜二が「不在地主」を書いたその原稿料の一部で建てたという小林家のお墓を、文字通り二メートル位の雪のなかから掘り出します。それが一昨日ぐらいやられて、昨日今日とまた雪が降ると、その一筋つけた道をもう一回踏み直さなければならないという、そういう苦労のなかで、墓前祭がおこなわれます。全国から、なかには九州の方からも参加される方もいらっしゃいます。昨年は特に多かったのですが、今年も多分数十名の方が参加されているのではないかと思います。ぜひ、みなさんも機会をみて、特に冬の小樽、二月二〇日の小樽にお出でください。

さて、今日は「君の手を握る！」というタイトルを付けました。ちょっと始めに、やや長い前置きをしてから本論のほうへというふうに思います。

多喜二が「蟹工船」、それからそのひとつ前の作品の「一九二八年三月十五日」という三・一五の小樽を取材した作品、これによってプロレタリア作家としてデビューしたと言っても良いのですが、私は多喜二が特に「一九二八年三月十五日」や「蟹工船」を書く、それからそれ以後のごく本当に短い数年の作家生活の創作のエネルギーというのは、「憎悪」、「憤怒」ではなかったかと思っております。憎悪、憤怒というと、ちょっと一般的には具合が悪いわけですね。復讐や憎悪からはまた憎悪を生みだすというような形で、どうもそこを躊躇しちゃう気味がありますが、多喜二は恐らくそんなことをほとんど躊躇しない。特に「一九二八年三月十五日」のこの小樽を題材にした作品では、彼の友人たちが次々と引っこ抜かれていく、そして、小樽警察署での拷問のその悲鳴なども彼は聞いたかも知れません。そこから彼は憎悪、憤怒、怒りを感じて、これを全国の人々に、全国の同志に伝えなければならないと、これが彼の「一九二八年三月十五日」の作品の原動力、出発点になったと思うんです。

少し遡って、多喜二は一〇代の半ばから小説を読み、そして自ら書いてきました。多喜二は「人が幸福になるにはどうすればいいんだろう」ということを考えていた。それを彼は、主に文学という形で表現しようとしたわけですが、文学だけではなくて、もちろん運動としても、それを表現しようとしていく、あるいはそれを映画であるとか、あるいは音楽であるとか、そういう所を通じても彼は表現しようとしていったように思います。これは「下女と循環小数」というエッセイに書いてある一文です。彼はその後に、「この事が考えられる。この事だけが」というふうに続けているわけですね。彼の頭のなかにはまずそれが一番をしめていた。彼はそこから社会の歪み、不条理、矛盾などに注目をしていき、取材をし、そして創作活動に結び付けていく。

最近発見された彼の「老いた体操教師」という投稿小説、それから「龍介と乞食」であるとか、いくつかの初期の作品群がそうであったように、小樽商業学校、それから小樽高商に進んだその数年間、彼は投稿少年、あるいは投稿青年として、当時の普通の文学青年と同じ軌跡を歩んでいきます。彼がそういう主題を選んでいくのは、もちろん小林家の置かれた状況が大きい。ご存じだと思いますが、彼は四歳の時に秋田から小樽へ移住をして来るわけですね。伯父さんを頼って移住をしてくる。そして、この小樽の築港という場末に彼の家族は居を構える。

小樽は、石狩湾に沿って東西に広がっています。真ん中のところが小樽の市街地、少し山の手の所に行きますと、緑町、私の勤務している大学はその緑町の一番上の所にあるわけですが、そのあたりはいわゆるサラリーマンの新興住宅街です。今でも碁盤目のように、きれいに整備された住宅街です。その東西の端、札幌寄りの所が築港、港を築くというそういう名称でもお判りのように、札幌寄りには建築現場のような場末があります。それから西側の所ですが、「手宮」地区と呼ばれる労働者の街、ここは多喜二が「地区の人々」などで題材にしている所ですね。そういう東西の場末に目を向けているわけです。

それから、もちろん北海道という当時の内国植民地としての性格を持っていた場所、そこにも彼は意識して育っていきます。

彼は自分のその作品について、獄のなかでこんな風に言っています。自分の作品は「ドストエフスキー的な世界」なんだと、「寒気のする恐ろしいものばかり」だという風に。そういうものを彼は主題にし、小説としてチャレンジをしていきます。

一九二四年、光明という意味の『クラルテ』という雑誌を、友人たちと創刊し、第五号まで発刊していきます。しかし、これは人道主義的なものであり、限界を感じざるをえない。それを彼は突破するために、今度は超人的なものを、人知を超えた、そういうものに憧れを持ったりします。しかし、それもうまく展開できない。彼はそこから社会主義の方向に、社会の変革の力をそこに求めていこうとするわけです。

彼はすでに小樽高商在学中から、漠然とですが、社会主義への関心を強めていました。そして、社会科学の文献を読みつつ、実際に小樽の労働運動のなかに入っていく、まだ、銀行員という表の顔がありますから、あまりあからさまにその運動に参加はできませんので、その裏手の部分というか、あまり目立たないような形でまず運動に参加していくということになります。小樽商高を卒業後、全国の学生運動のさきがけとなった軍事教練の反対運動、ついで礒野争議、それから小樽港湾争議という、これらをいわばホップ・ステップ・ジャンプというような形にして、彼は実際運動にも入っていく。それから同時期にマルクスらの社会科学文献なども読んでいく。そして、それをさらに創作という形で表現をしていこうとしています。

これらすべての背景にあるものとして、多喜二の人間性、その根底にあるものとして社会、あるいは生活への愛おしさ、それから優しさ、信頼というものがあるではないかと思います。だからこそ、そういうものが強ければ強いほど、深ければ深いほど、それを虐げる者、踏みにじる者に対して、彼はストレートに怒りをぶっつけることができる、そこに彼は躊躇などを持たないわけです。

そういう多喜二の人間性というものをよく示してくれるものが、今日取り上げる多喜二の手紙になるのではないか。その人となり、人としての魅力に非常に満ちた文章であります。ノーマ・フィールドさんが書かれた『小林多喜二』（岩波新書）のなかでも、多喜二の手紙のことについて、特に取り上げています。「あの独特な、人に追ってくる情念」と、ノーマさんは表現されています。

現在のところ、多喜二の手紙は全集の第七巻でしか読むことができません。全集第七巻には一六五通が収録されました。それからその後数年経って、増補版が出た時にさらに六通。石本武明という、小樽商業時代の友人ですが、彼宛ての手紙が六通出てまいりました。それから西丘はくあという、やはり小樽商業時代の友人、一九二二年四月五日付のハガキがあります。これはまだ全集には載っておりません。写真③をご覧ください。表の「西丘はくあ兄」という宛名書きを斜めに、非常にデザイン的に書いています。それから本文も、ずーっと真ん中から斜めに書いて、左下に行って、今度右上の方が余白がありますからそこへ行って書いている、石本武明宛書簡のなかにもこういうものがあります。現在、これは小樽文学館に寄贈され、展示されております。

　大熊信行という彼の小樽高商時代の経済学の先生ですね、特に文学談義などをしたといわれていますが、大熊信行宛の手紙も新たに二通見つ

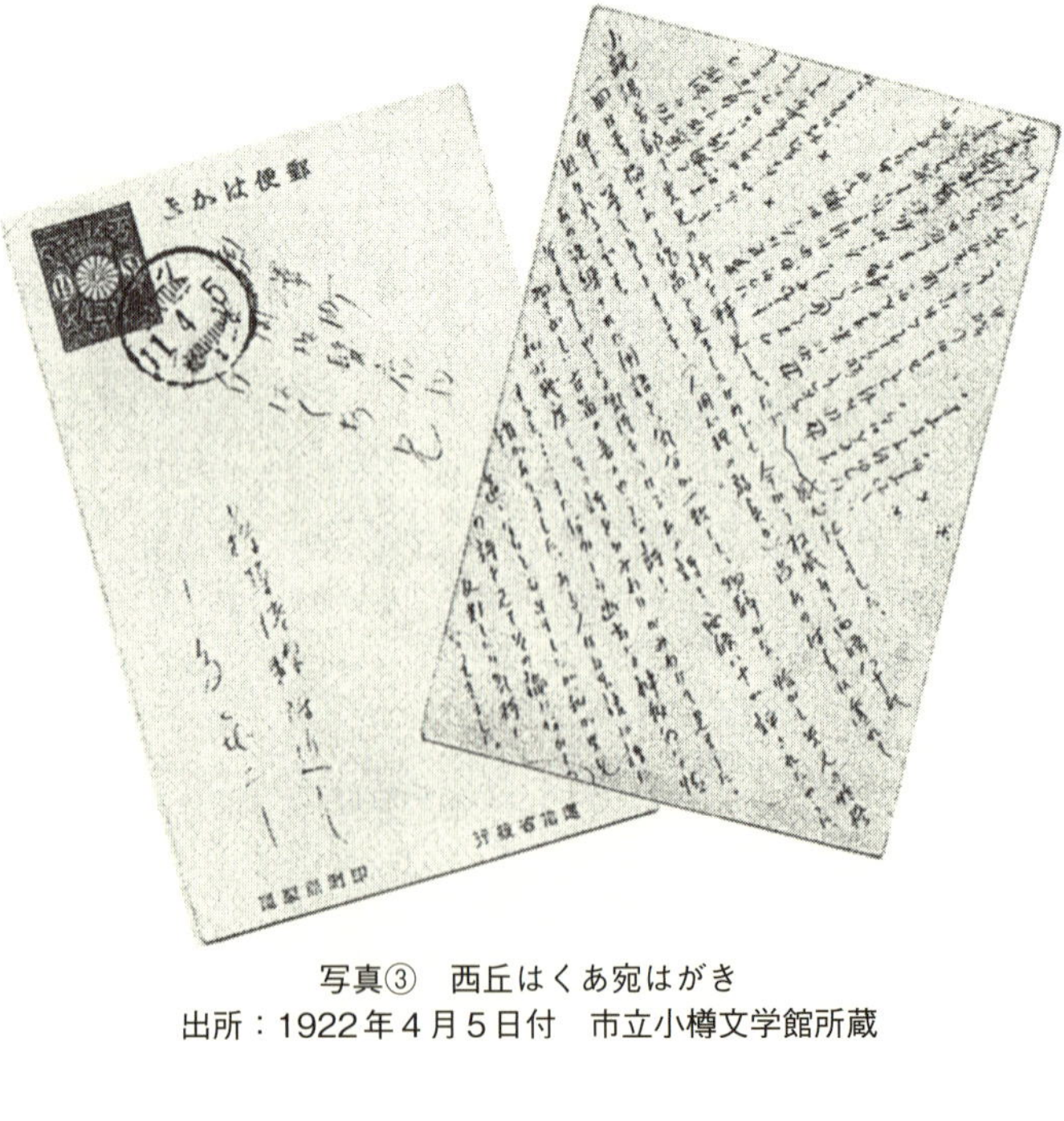

写真③　西丘はくあ宛はがき
出所：1922年4月5日付　市立小樽文学館所蔵

かりました。それから先ほどちょっと触れましたクラルテ運動の先駆者、小牧近江宛の、小樽で自分たちが『クラルテ』を出したという、そのことを通知したハガキがあります。これら全部で、現在一七五通、彼の手紙を確認することができます。

戦前から多喜二の書簡集は出版されました。多喜二が殺されて、その二年後にまず第一回目の書簡集が作られて、それから戦後に全集などで三回くらい、それぞれ少しずつ増やされて現在の全集第七巻になるわけです。残念ながら現存しているものは、そのうち恐らく六〇通余りとなります。獄中書簡の場合は個人宛というよりは、もう少したくさん回覧することも意図していたと思いますが、基本的には、例えば西丘はくあにしても、あるいは大熊信行にしても、直接、手紙を、今だったらメールを、その人に送るわけですから、非常に率直でありますね。心情の率直な吐露であり、そこには思いやりであったり、親しみであったり、あるいは真摯さであったり、時にはユーモアや茶目っけもあったりという、非常に人情の機微がそれらの手紙のなかには現われています。

私は石川啄木であるとか、大杉栄、河上肇という、いわゆる明治・大正・昭和の思想家、文学者、経済学者ですが、こういう人たちのことを今まで少し考えてきました。その時、彼らの思想・文学などに触れる一つの手がかりとして、彼らの日記であるとか、手紙を読むところから出発していました。それらを読むのが大好きでした。評論というような、ちょっと頭が痛くなるようなものよりは、もっと気楽に、手紙、日記というのは読める。そこにはもっともっといろんな深い意味があるわけですが、まず、手紙や日記を読んで、その人に魅力があるかどうかというところを見てきた。多喜二もそういう目でみれば、この啄木や大杉栄らに匹敵するような、やはり手紙の見事な書き手であったのではないかというふうに思います。残されたものは極々限られていますが、それでも多喜二の書簡は大きな魅力を発しています。

多喜二の一七五通余りの書簡は、大きく三つの山があるといっていいと思います。一つは、田口タキさん宛の手紙です。一九二五年の三月二日付の資料①をご覧ください。一番有名な手紙ですね。タキさんと出会って、まだタキさんはこの時ヤマキ屋という蕎麦屋にいて身を売るという生活をしていますが、知り合ってまだ数ヵ月、三月始めの手紙です。最初の言葉は大変印象的な言葉ですね。「「闇があるから光がある」そして闇から出てきた人こそ、一番ほんとうに光の有難さが分るんだ」と、こういう風に続いていく文章です。ぜひお帰りになったらお読みいただきたいと思います。ノーマさんもこのタキさんの手紙について注目しています。

現在はこの一七五通くらいしか確認できないわけですが、

田口瀧子宛　一九二五年三月二日／小樽

多分恐らくこの一〇倍くらい書いたのかも知れない。残されたのは、そのうちのごく一部ということになります。例えば、彼の小樽時代の友人、蒔田栄一という、英語学者になる人物ですが、彼とは頻繁な手紙のやり取りをしていたようです。蒔田によれば一〇〇通くらい手元に多喜二の手紙が残っていたというんですね。ただ蒔田は戦時下に新聞記者をしていて、どうも自分の身辺に憲兵が近付いて来ることを感じ、家宅捜査されて多喜二の書簡でも見つか

「闇があるから光がある(1)」

そして闇から出てきた人こそ、一番ほんとうに光の有難さが分るんだ。世の中は幸福ばかりで満ちているものではないんだ。不幸というのが片方にあるから、幸福ってものがある。そこを忘れないでくれ。だから、俺たちが本当にいい生活をしようと思うなら、うんと苦しいことを味《あじわ》ってみなければならない。

瀧ちゃん達はイヤな生活(2)をしている。然《しか》し、それでも決して将来の明るい生活を目当《めあて》にすることを忘れないようにねえ。そして苦しいこともその為《た》めだ、と我慢をしてくれ。

僕は学校を出てからまだ二年にしかならない、だから金も別にない。瀧ちゃんを一日も早く出してやりたいと思っても、ただそれは思うだけのことでしかないんだ。これはこの前の晩お話しした通りだ。然し僕は本当にこの強い愛をもっている。安心してくれ。頼りないことだけれども、何時《いつ》かこの愛で完全に瀧ちゃんを救ってみせる。瀧ちゃんも悲しいこと、苦しいことがあったら、その度に僕のこの愛のことを思って、我慢し、苦しみ、悲しみに打ち勝ってくれ。

最後に、決して悲観したり、失望したりするな、俺たち二人の間の愛を信じていよう、いくら力弱く、はかないように見えるとしてもだ。無茶に酒を飲んで身体をこわさないように。若《も》し苦しくなって、酒でもグングン飲みたくなったら、僕のことを想って、少し我慢すること、いいかい約束するよ。

それからナデナデさんの苦しい気持も考えてやり、なぐさめてやってくれ。僕が本当にナデナデさんの気持を救ってやりたい、と思っていると、云ってくれ。お互苦しい生活だ、慰めあって行ってくれ。おばあさんも、年がとっているというので、心がまがる、それも無理がない、そこを又考えてやって、仲よくして、なぐさめてやってくれること。

ではさようなら、返事を待っている。

私の最も愛している

瀧ちゃんへ

資料①　田口瀧子宛手紙 1925年3月2日／小樽

ると、これは危ないということで、多喜二の一〇〇通あまりの書簡を燃やしてしまったという、そういうエピソードを語っております。

それから家族、お母さんは後に獄中の多喜二に手紙を書くために文字を覚える訳ですから、お母さん宛というよりはお姉さんのチマさん宛に送って、それをおかあさんは読み聞かせてもらう、多分獄中から、あるいは東京生活のなかで送っていたと思いますが、これらはほとんど残っていません。それから多喜二に宛てられた手紙ですね。当然、一対一で対応しているとすれば、何百通も多喜二のもとに来たはずです。残念ながらこれらについては、例えば志賀直哉の書簡がちょうど対応するものとして二通くらい残っているだけ

田口瀧子宛　一九三〇年一一月二二日／東京・豊多摩刑務所

今日(十一月二十二日)は、空は高く澄んでいる。お前はこの前の手紙では、雨の降った日、此処にいるぼくたちがどんな気持でいるだろうと書いていた。然し、ぼくは、空が青く明るく澄んでいるのを見ると、憂鬱になるのだ。雨がふれば、独房の隅には寒そうなかげがよどんで、机の下に立てかけてある鏡が沈む。だが、外の世界のものも、こんな日は、ぼくたちと同じように、家の中にとじこめられているだろうという、こんな子供臭い考え方が、この上もなくぼくを安心させるのだ。ぼくは太陽の光を一杯にうけて、青空の下を、人たちが自由に歩きまわっていることを考えると、淋しくなるのだ。――いずれにしろ、古い云い方に従って、雨の日、風の日につけて、此処にいるぼくたちの事を何時でも思っていてくれる人が外の世界にいるかと思う位力強いことはない。

ぼくは夜を喜んでいる。北の国の年老いた母が送ってくれた厚い、巾の広い、ゴツゴツした布団と毛布は充分にぼくの身体を温めてくれる。そしてぼくは夢の中では何処でも自由に散歩も出来るし、沢山の友達などと、大声で色々な話をしているぼくはよく小樽の街を歩いている。このぼくは実に幸福だ。

何時か、お前とも会って話をした。

東京・豊多摩刑務所

です。

資料①の手紙の最後は、「ではさようなら、返事を待っている。私の最も愛している瀧ちゃんへ」とあります。もちろんタキさんからの返事はあったはずですが、それらはすべて残っていません。

ここでは「瀧ちゃんへ」と言っていますが、獄中書簡、資料②の手紙を見てください。一九三〇年の一一月二二日付の、獄中から宛てた手紙ですが、ここではタキさんのことを「お前」と言っています。「瀧ちゃん」から「お前」になる

今月の十七日の面会で、何んだか、お前が寒そうに、淋しそうであったことを思い出している。そして、何処か、弱々しくさえあったようだ。沢山の人が毎日々々面会に来ているが、（女の人が多いのは面白いね。）その人たちは、声を高らかに青空に華やかな笑声をまきちらして行く。ぼくのいる室にそれがハッキリ聞こえてくるのだ。そして、ぼくはぼくたちが考えているように、丁度芝居か、映画にあるように、それが決して、淋しい、涙を含んだものでないことに気付いて、よく不思議にさえ考えたものだ。お前が途中でやめた話(2)は、手紙に上手に書いてくれるといいと思う。

ぼくは此処で、沢山の本をよめて、何より幸福だ。沢山の本をよむと、ぼくは今迄ぼくが一生ケン命に書いてきた小説は、小説でなくて、「綴方」だと思うようになった。で、ぼくは、今迄のぼくの小説を、これから「綴方文学」という名で呼ぶことにする。ウント元気で暮して、そして皆の前へ、ウント元気な顔を見せたいものと思っている。然し、此処は、何んと悲しいことにも、太陽の光が乏しいのだ。ぼくはだんだん縁の下に生えるペンペン草のように、白っぽく、すき通るような身体になって行くようである。時々「うなぎ」の夢を見る。

寒くなったら、毎日行っていた中野の食堂のあの夏のことでも思い出して、身体を温めることにしよう。が、とにかく、小樽へ行く前に、何処か東京で、月給でも貰えて、仕事の出来るところがあったら、それに越したことがないのだから、そういう処が出来たらと、それを心から望んでいる。此頃「チェホフの手紙」をよんだ。これは仲々好ましい本だ。チェホフはよく手紙の最後に、「終りに、あなたの小ッちゃなお手てを心から接吻します。」と書いている。

で、もう三銭も無くなったからやめる。風邪をひかないように。本をよむように。クサメをしたら、丹前を着なさい。

では、又かくよ。

資料②　田口瀧子宛手紙 1930年11月22日

わけですね。もう少し先を見ると、一番最後の方の手紙だと、今度は「君」になるわけですね。「瀧ちゃん」から「お前」になって「君」になるという、そういう所の関係をどういう風に考えていくか、興味はつきません。タキ宛の手紙は二〇通余りありますが、これが一つの山ですね。

二つ目の山についてです。彼は「一九二八年三月十五日」とか、「蟹工船」、それから「不在地主」という大作をどんどん書いていき、最初は『戦旗』という雑誌に発表します。そうすると、『戦旗』の蔵原惟人宛てに、この「一九二八年三月十五日」、あるいは「蟹工船」のその執筆意図、創作意図をかなり丁寧に書き送っています。つまり、「蟹工船」の場合は集団を描いたものだと言ったりするわけですね。多喜二はそれらで非常に大きな脚光を浴びますので、いわゆるプロレタリア文学雑誌ではなくて、当時の中央の総合雑誌『中央公論』や『改造』に依頼をされ、かなりメインな取扱いを受けて書いていく。そうすると、『中央公論』の雨宮庸蔵、それから『改造』では佐藤績という編集者に宛てて手紙を書きます。この作品は、今度はこういう意図を込めたんだということを自らの言葉で説明しています。これは作品を理解する上で、非常に重要な手がかりとなるわけです。そうした編集者への手紙というのが、もう一つの山となります。

三つ目の山は、今日の主題にいたしました獄中書簡です。この獄中書簡というのが、現存する手紙としては数が一番多い。

多喜二の置かれた状況を簡単に申し上げます。多喜二は拓銀をついに「不在地主」を書いたことによって首になります。それから四ヵ月位経って三〇年の三月に東京にやってまいります。少し遅れて田口タキもやってまいります。そして、短い同居生活を送ります。この「中野ゼロ」から歩いて五分か一〇分ぐらいの所、中野区上町という、ここでタキさんと三週間位の同居生活、同棲生活ではなかったと思いますので、プラトニックな関係だったと思いますから、同居生活を送ります。ついでに資料②タキさん宛の最後の所をごらんください。「時々「うなぎ」の夢を見る」、これは、うなぎ屋さんに二人でよく行ったようで、そのうなぎ屋さんの夢を見た。多喜二にとっては、とても幸せな三週間位のタキさんとの生活だったわけですね。タキさんはその後、美容師、洋髪の学校に入るために、そちらの寮に入りますので、三週間位で同居生活は終わります。

多喜二はその後、雑誌『戦旗』の講演会で関西方面に行って、大阪で検挙されます。二週間余り勾留されて、その時には釈放されるわけですが、初めて竹刀で殴られるとか、髪が抜けるほどであったとかという拷問を体験します。いわゆる「五・二〇シンパ事件」と呼ばれるもので、多くの文学者、三木清らもこの時に検挙されております。

大阪から帰ってまもなく、東京ですぐ警視庁による検挙を受けます。多喜二はこの検挙・

取調べの際にも、おそらくひどい拷問を受けたと思われます。最近、ようやくそれに気付きました。資料③をご覧ください。上から真ん中の所に殊勲の警官、特高警察官として、上田誠一、それから二番目のメガネをかけた人物が毛利基という、これが特高のエースです。これは、五・二〇事件がひと段落して、一年後に新聞報道が解禁され、号外として出された新聞です。

その二面の一番下の所に、「同情者」の所に三木清、村山知義、平野義太郎、そして中野重治と並んで、小林多喜二があります。今までこれは気付かれてこなかったわけですが、多喜二の記事の最後のところに、多喜二に対する当局の取調べはもっとも峻烈であったため、出所後、顔面筋肉の一部が硬直してしまったと言われていると書いてあります。残念ながら多喜二はこのことについて、何もどこにも触れていません。この拷問を受けるというのは、多喜二が「三・十五」という小説を書いて、特高の非道さを暴露したがゆえに、特高は、それに対する復讐として、大阪でも、それから警視庁でもやったんだと思います。多喜二はまたここで、こういう形で自らに加えられた拷問に対する憤怒というものを、彼自身燃やしたんではないだろうかと推測します。

多喜二はこの後、三つの警察署をほぼ二ヵ月タライ回しになります。『戦旗』に掲載した「蟹工船」、あの最後の方に、皇室への献上品と言うことで、漁夫たちが「石ころでも入れてお

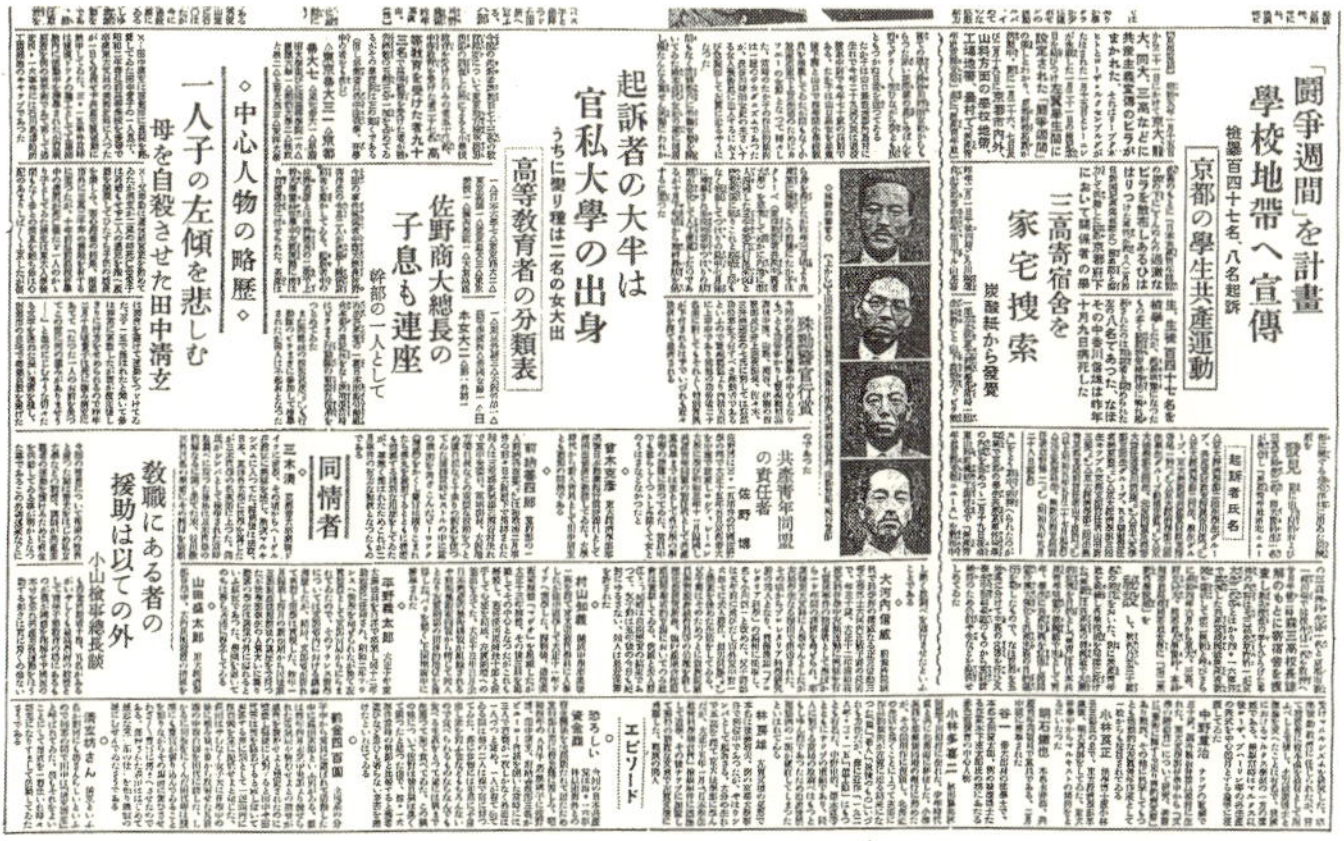

「闘争週間」を計畫 學校地帶へ宣傳 檢擧百四十七名、八名起訴

京都の學生共產運動

三高寄宿舎を家宅捜索 炭酸紙から發覺

起訴者の大半は官私大學の出身 うち檢擧は二名の女大出

高等教育者の分類表

佐野商大總長の子息も連座 幹部の一人として

◇中心人物の略歴◇

一人子の左傾を悲しむ 母を自殺させた田中清玄

共產青年同盟の責任者 佐野博

同情者

教職にある者の援助は以ての外 小山檢事總長談

エピソード

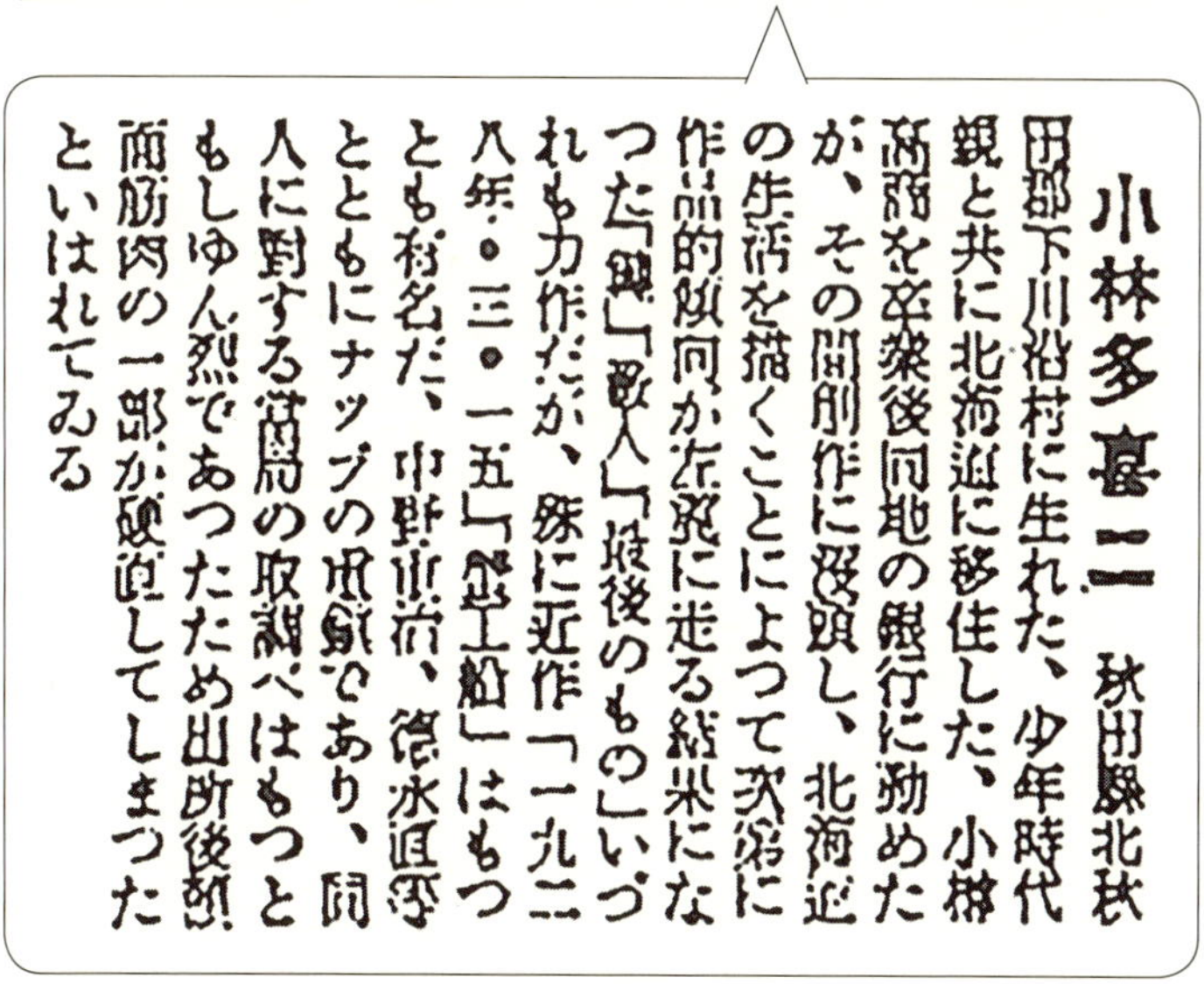

小林多喜二　秋田縣北秋田郡下川沿村に生れた、少年時代親と共に北海道に移住した、小樽商業を卒業後同地の銀行に勤めたが、その間創作に没頭し、北海道の生活を描くことによつて次第に作品的傾向が左翼に走る結果になつた「蟹」「敵人」「最後のもの」いづれも力作だが、殊に近作「一九二八年・三・一五」「蟹工船」はもつとも有名だ、中野重治、徳永直等とともにナップの指導者であり、同人に對する當局の取調べはもつともしゆん烈であつたため出所後結局筋肉の一部が硬直してしまつたといはれてゐる

資料③

出所：朝日新聞 1931 年 5 月 20 日東京号外 2 ページ
下の画像は、上の画像の「小林多喜二」の欄を拡大

け」という場面が出てきますが、これが不敬罪・新聞紙法違反に問われ、すでに告発をされていました。これが七月一九日に起訴となります。八月二一日、警視庁での取調べが一段落をして、治安維持法違反で追起訴をされる。そして、豊多摩刑務所、今、中野区の「平和の森公園」となっていますが、そこの未決監に入る。つまり、被告の身分となるわけです。

有罪で実際に受刑するとなると、多分、柿色の着物を着るということになりますが、まだ未決監ですので、ここでは彼は青い着物を着るということになります。すでにこの時には、同じ豊多摩刑務所に中野重治や村山知義らも入獄していました。彼はここで被告人として、戦前独特の制度である予審を受けます。二度か三度くらい、これは彼が「独房」という作品のなかに、裁判所への道行きを書いています。新宿を通って、代々木の方から霞が関にまで行く、途中でまだ国会議事堂が建築中であったわけですが、醜悪な国会議事堂という表現をしている場面があります。

ちょっと豊多摩刑務所について申し上げます。一九一五年の三月に創設されますが、関東大震災でかなり大きな被害を受けました。彼はこの獄中から、よく石工が塔の所をカンカンカン叩いている音がすると書いています。修復工事は、翌三一年五月に竣工しますので、多喜二が入ったときは、まだ工事がおこなわれていました。そこには三〇四の独居房があり、全体で一二七六人の収容という規模です。独居房というのは、一坪八号三尺、ないし一坪五号三尺ということで、だいたい五平方か六平方。多喜二の場合は、古い独居房に入っていたと思いますから、五平方、二畳半位という感じでしょうか、そういう所に入る。十字になっている、そういう獄舎が古い獄舎です。十字ということは、まん中の所に看守がいて、そこを一周すれば三六〇度で監視できるということで、こういう十字の形、放射系の形の獄舎が、いろいろな所で作られました。これは、パンプチコン式というそうです。そういうレンガ作りの獄舎に、彼は入っていたということになります。

資料④に、河上肇の描いた独房のスケッチがあります。ただ、これはかなり近代的な感じになっています。流しがついています。イスになっているのは、水洗の便器なんです。河上肇は、中野の

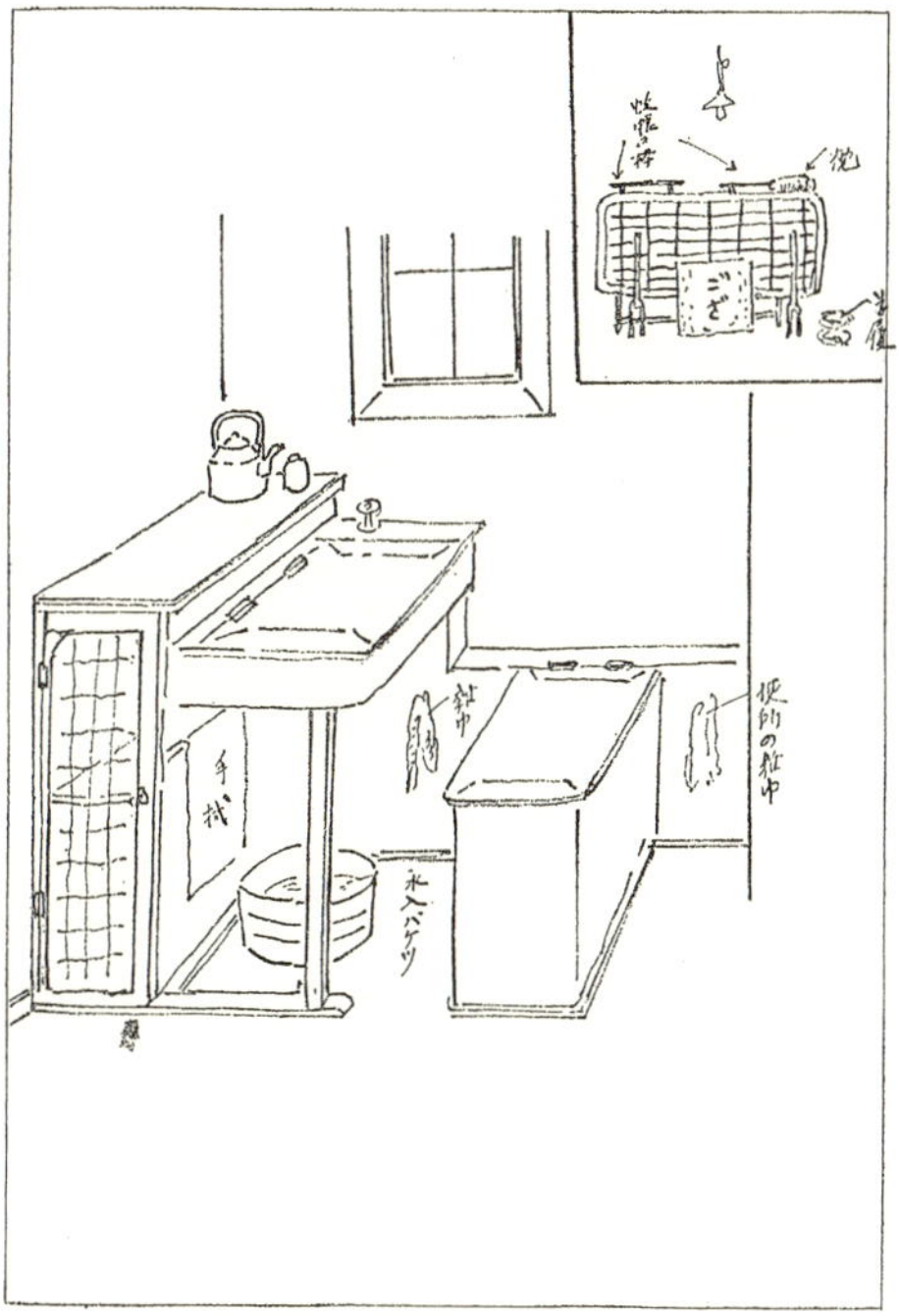

資料④　独房のスケッチ
出所：河上肇「獄中日記」『河上肇全集』22（1936年、小菅刑務所）

豊多摩刑務所に何ヵ月かいましたが、主には小菅の刑務所の方に行きますので、これは小菅のいわば近代的な設備ということになります。窓も比較的低いところにあります。多喜二の場合は、例えば便器などは、壁のなかにつくりつけになっていて、箱みたいななかに大便や小便をして、それで一日終わるとそれを出してもらう。ですから、夏になると、特にレンガ作りの壁が熱せられますから、ものすごい異臭がするというのですね、多喜二は何も書いていないんですが、それに苦しめられたと思われます。この河上肇の独房のスケッチは、まだ恵まれている方のもの、もっともっとひどい状況のなかに多喜二はいました。

一九三〇年、多喜二が在獄していた時の受刑者は九七〇人、刑事被告人が一六八人という統計がありますが、この一六八人の一人が多喜二だと思われます。翌三一年にこの刑事被告人が出獄し、保釈責付が八二人いるという数字が出てまいります。このなかに多喜二がいます。

運動は一日一回、だいたい二〇分から三〇分。資料の⑤をごらんください。小説「独房」の挿絵です。扇形になっていて、そのなかをグルグルグルグル回るという、走っている姿が挿絵になっています。上の所で看守が一人見ている。一度に八人位、そこで運動ができるということになるわけです。これはもちろん晴れた日でなければなりませんが、一日三〇分ぐらいここで運動ができると、多喜二は獄中書簡に書いています。

起床、それから就寝については季節によって違うようですが、ともかく早い夜、長い夜だったようです。午後八時ぐらいにはもう電気が消えてしまう、そうなると読書もできなくなるわけですね。非常に長い夜を過ごすということになったと思います。当時の資料のなかには、警察の留置所、いわゆる豚箱から刑務所に来れば、まだましなんだというようなことが書かれています。

ちょっと、時間がなくなりますので先を飛ばします。多喜二は、この豊多摩刑務所に入った時に、多分、二、三年は出てこれないと覚悟していた節があります。つまり、多喜二は先ほど申し上げましたように「蟹工船」の不敬罪・新聞紙法違反の起訴が加わっているということがあるので、他の

資料⑤　「独房」さしえ朝野方夫画
出所：『写真集　小林多喜二 ―文学とその生涯』（手塚英孝編／新日本出版社）

人に比べて、この分だけは長くなることはまず覚悟せざるをえない。それから東京においては、三・一五、四・一六の事件がまだ審理継続中でした。ですから、そういう事件がまだ残っているので、自分たちの所に来るまでは時間がかかりそうだし、多分、自分はそのなかでもかなり重い刑が科せられるんではないだろうかと予想した節があります。ところが、やや多喜二にとっても意外なことにですが、三一年一月二二日、だいたい五ヵ月目ですが、保釈、出獄ということになります。

この辺のことが今までよく判らなかったんですが、例えば、中野重治であるとか、村山知義であるとか、坪井繁治であるとか、そういう同じ時期に入っていた人の動向を見ていると、どうもこんなことのようなんですね。つまり、予審が終結をする、これから本公判になるわけですが、身柄は一応保証人を付けて、あるいは金を付して、数十円の保証金だと思いますが、身柄は外へ出ることができる。ですが、これからまだ本公判が待っているわけですね。いつ裁判所から呼び出しがあるかわからないという、そういうなかで多喜二はその後の東京生活、創作生活を続けていたということになる。多喜二は、残念ながらその辺のことについて何も語っておりません。

本論の獄中書簡に入ります。ノーマさんの文章を引けば、そこには最もノビノビした多喜二の姿があり、女性三人、一人は村山籌子《かずこ》、中野鈴子、それから田口タキというこの三人の女性に対する獄中書簡のなかで、多喜二は非常に心を開いている、そういう思いで読むことができる、とノーマさんは指摘をされています。

村山籌子宛、村山知義の奥さんですが、この手紙を見たいと思います。資料⑥をごらんください。最初のところ。「東京の秋は何処まで深くなるのですか。ぼくは二十四カ年北の国を離れたことがない。それで、この長い、何処までも続く、高く澄んだ東京の秋を、まるで分らない驚異

村山籌子宛　一九三〇年一一月一一日／市外上落合一八六／市外野方町新井三三六　小林多喜二　◇封緘はがき

東京の秋は何処まで深くなるのですか。ぼくは二十四カ年北の国を離れたことがない。それで、この長い、何処までも続く、高く澄んだ東京の秋を、まるで分らない驚異をもって眺めている。今日は実によく飛行機がとぶ。ぼくが残してきた北の国では、一台の飛行キが飛んで来ようものなら、何処の家からも、大人も子供も、みんな飛び出して、高い大空を見上げる。冬が近くなると、ぼくはそのなつかしい国のことを考えて、深い感動に捉えられている。そこには運河と倉庫と税関と桟橋《さんばし》がある。そこでは、人は重ッ苦しい空の下を、どれも背をまげて歩いている。ぼくは何処を歩いていようが、どの人をも知っている。赤い断層を処々《ところどころ》に見せている階段のように山にせり上っている街を、ぼくはどんなに愛しているか分らない。その街の場末にいるぼくの年老った母が、とても厚い、巾の広い、それにゴツゴツした掛蒲団を送ってくれた。この前、それを乾かすのに雑役の人が、「こんな親不幸ものにも、お母さんッて、こんなに厚い蒲団を送ってくれるものかな。」と云った。この蒲団はそれにこの上もなく重い。夜、ぼくは寝返りをうつのに、苦しい位である。ぼくは、で時々、この重さは、だが何《な》んの重さだろう位のことを考えている。

今のところ、ぼくはよみ切れない程の本をもっているのです。最近チェホフの手紙をよんで、非常に喜ばされました。好ましい本の一つですね。それを見ると、チェホフは、よく手紙の最後に、こんな笑談を書いています。「終りに、あなたの小ッちゃいお手てをにぎります。」と。

ぼくは毎日吉田松陰のように坐りこんでいます。又かきます。

資料⑥　村山籌子宛手紙 1930年11月11日付

をもって眺めている。今日は実によく飛行機がとぶ。ぼくが残してきた北の国では、一台の飛行キが飛んで来ようものなら、何処の家からも、大人も子供も、みんな飛び出して、高い大空を見上げる。冬が近くなると」、ご存じの方も多いかと思いますが、ここからは、小樽の多喜二文学碑にきざまれた文章です。「冬が近くなると、ぼくはそのなつかしい国のことを考えて、深い感動に捉えられている。そこには運河と倉庫と税関と桟橋がある。そこでは、人は重ッ苦しい空の下を、どれも背をまげて歩いている。ぼくは何処を歩いていようが、どの人をも知っている。赤い断層を処々に見せている階段のように山にせり上っている街を、ぼくはどんなに愛しているか分らない。」と、非常に小樽のことをよく伝えている。小樽への思いがよく伝わる。

それにつづけて、「その街の場末にいるぼくの年老った母が」、セキさんですが、「とても厚い、巾の広い、それにゴッゴツした掛蒲団を送ってくれた。この前、それを乾かすのに雑役の人が、「こんな親不孝ものにも、お母さんッて、こんなに厚い蒲団を送ってくれるものかな。」と、云った。この蒲団はそれにこの上もなく重い。夜、ぼくは寝返えりをうつのに、苦しい位である。ぼくは、で時々、この重さは、だが何んの重さだろう位の事を考えている」と書いています。今はとても軽い羽根布団などですが、私なども小さいころは、やっぱり重い布団を掛けていた記憶があります。何枚も真冬には掛けていました。この手紙とは違うところですが、ノーマさんは、「昆布巻き」と言うことで家族の係累に注目して手紙を取り上げています。

それからこの文章の最後のところ、「最近チェホフの手紙をよんで、非常に喜ばされました。好ましい本の一つですね。それを見ると、チェホフは、よく手紙の最後に、こんな笑談を書いていいます。「終りに、あなたの小っちゃいお手てをにぎります」」と。この部分がもうちょっと後になると、今日のタイトルに掲げました「君の手を握る！」ということになってくるわけです。

次は、先ほど触れました一九三〇年一一月二二日付の田口タキ宛の手紙（資料②）です。「沢山の本をよめて、何より幸福だ。沢山の本をよむと、ぼくは今迄ぼくが一生ケン命に書いてきた小説は」、ですからそこでは、「一九二八年三月十五日」や「蟹工船」、「不在地主」などが入ってるわけですが、そういう小説を、多喜二は「「それは小説ではなくて綴方」だと思うようになった」。つまり、ここで彼は、今までとても忙しくてゆっくり読むことができなかった欧米の名作といわれるものを、ロシア文学であったり、あるいは英文学であったりですが、そういうものをじっくり読むことによって、自分の文学は「綴方文学」であったと、こう顧みるわけですね。

資料⑦の手紙をみましょう。これは一九三〇年一二月二日付の田辺耕一郎という文学同盟の友人宛の手紙です。一〇行目ぐらい、「ぼくは此処にいると、必要以上に、ふざけたこととか、「冗談を書く」。深刻なこと、獄中に入れられて苦しいとかなんてことは書かない。それを書くということはつまり、当局側にとっては、非常に都合のよいことですから、そういう弱音は見せない。何でもないんだと、こんな所に拘禁されていてもなんでもない、呑気に暮らしているよという、そのために、敢えて彼はそこでふざけたこととか、冗談を書くといいます。それ以外のことを書けば、もちろん削除されたり、あるいは手紙そのものが発信ができない

田辺耕一郎宛　一九三〇年一二月二日

ぼくは此処にいると、必要以上に、ふざけたこととか、冗談を書く。何故そんなことを書くか。それは、君は許してくれることと思う。で、この前の冗談は勿論何んでもないことで、フト浮んできた事にしか過ぎないのだ。君の今度の手紙は、色々と外のことが分って、ぼくはこの上もなく喜んでいる。堀田昇一とか、木村良夫[1]とかよくは知らないが新しい作家が出て来たそうだが、ぼくたちは、半分職業的になりかけて、堕勢（ママ）だけで作品を書いている所謂《いわゆる》名のあるプロレタリア作家に、何時でも何かを期待してはならないということを知っている筈だ。そういう人達の作品は大体に於て、見当がついて、素晴しい作品など生れる筈がないからだ。そんな点で、ぼくは、今度のことはぼくに取って大きな意義を持っていると思っている。ぼくはもう堕勢へ半分足をかけていた。然し、今度のことは、ぼくが今までして来た事を振り返らせた。ぼくは、そして此処で、外にいる時はその忙しさや当面の不必要から、殆《ほと》んど読んでもみなかった色々な外国の作家のものを読む機会を得たことと一緒になって、ぼくが今まで書いてきたどの作品も、如何にぼくがそれについて百ペン何かを云ったところで、結局「綴方文学」でしかなかったことを分らせてくれた。これは単純な分りきったことでありながら、外のその渦巻の中にいては、とても、分ることも、又色々な関係が分ったとしてもその分ったようには決して実行させてくれないものなのだ。ぼくは出て行ったら、その時は丁度「一九二八・三・一五」を書く前に立ち帰れそうだ。そしたら、ぼくは新しい、まだ誰も知らなかったような作家として、そのような新しい誰もが今迄見ることのなかったような作品を書いてゆけるようになると思っている。ありきたりに云って、何時でも処女作を書くときのような気持をもてと云うことは、外ではとても出来ないことなのだ。それは、手っ取り早く、ぼくたちの今迄優れた作品を書いたことのあるどの作家を見ても、直ぐ分ることである。その意味から、ぼくは今度のことは、今迄のぼくに幕をおろしてくれた

資料⑦　田辺耕一郎宛 1930年12月2日

ということになります。

それから数行後の所ですが、「堀田昇一とか、木村良男とかよくは知らないが新しい作家が出て来たそうだが、ぼくたちは、半分職業的になりかけて、惰性だけで作品を書いている所謂名のあるプロレタリア作家に、何時でも何かを期待してはならないということを知っている筈だ」。また、もう少し後の方でいうと、彼は銀行員として二足のわらじを履き、寸暇を惜しんで短い時間で書いていたわけですが、作家生活に専念をすると、多喜二にとってさえも、惰性の創作生活になってきたといいます。この獄のなかで、改めてそう彼は感じるわけですね。「ぼくはもう堕勢《ママ》へ半分足をかけていた。然し、今度のことは、ぼくが今までして来た事を振り返らせた。ぼくは、そして此処で、外にいる時はその忙しさや当面の不必要から、殆んど読んでもみなかった色々な外国の作家のものを読む機会を得たことと一緒になって、ぼくが今まで書いてきたどの作品も、如何にぼくがそれについて百ペン何かを云ったところで、結局「綴方文学」でしかなかったことを分らせてくれた」。出獄したら、もっ

ものであり、そのままずるずると easy にながれようとした時への歯どめであってくれたと思う。少しくどく書いたが、このことは分ってくれたことと思う。文戦では、あのボス連中に対して批判し解体しようとしているそうだが、ぼくはむしろ、ぼくたち自身の内にあるボス的意識を考えて、それよりゾッとしている、若い人達が仕事の中心になることが必要だとは思わないか。だが、間違わないでくれ給え。ぼくは若いんだ。それに今云ったような理由から、ぼくは出て行ったらもっと若くなるわけだから。

橋本英吉に会ったら「田舎医者」と「ゴリオ爺さん」を待っていると、鹿地に会ったら、チェホフは読んだか、ときいてくれると有難い。では君達の手を握らしてくれ給え。

と新しい文学を書いていこう、とつづいていくわけです。こういう所にも、この獄中書簡の魅力というものが、読み応えというものがあるように思います。

獄中書簡を読む際には、さまざまな制約があります。今申し上げたように、当局の厳重な検閲があります。多喜二の方から外へ出すもの、あるいは外からなかに、多喜二宛にくるもの、いずれもですね、検閲があります。ですから、ともに奴隷の言葉で書かざるを得ない。当然、事件関係や運動や思想関係のこと、裁判がこうなっているとか、みんなこういう方向でがんばれとか、というようなことは書けないわけです。

それから、封緘ハガキかハガキ、封緘ハガキが三銭。それからハガキは一銭五厘です。封書で何枚も書くということはできませんから、封緘ハガキに、非常に細かい字で、チビタ悪い筆で書かざるを得ない。それも大変な苦労ですが、それでもその書くことが唯一外へ繋がっているという、彼はその思いで書くわけですね。

通信回数も制限されていますが、多喜二はそれを最大限に生かしたようです。最初の八〇日間で、六〇本以上の封緘ハガキを書いています。残っているのはそのなかの多分、三分の一もないわけです。まだまだ多喜二はたくさん書いたはずなんです。

制限された回数ゆえに、これらが公表されるということも彼は意識して書いているように思います。実際、彼の手紙だけでなくて他の人の手紙もですが、当時の『ナップ』などに、「獄窓通信」というような形で載っていきます。多喜二の手紙も四通確認できます。

最後に、多喜二にとっての獄中体験の意味を考えてみます。まず、彼にとって、惰性になりかけていた、自分の作家生活を見直す良い機会になった、文学観の立て直しになったことです。そこでは、「綴方文学」という自己批判をしています。それから、憎悪、これが磨耗してきている。彼はこれではいけないんだという危機感を持っています。彼は出獄してから、周りの人たちがどんな作品を書いているのかと観察して、「サラサラと水のような作品を書いている」というふうにいうわけです。つまり、そういう憎悪、トゲのようなものが無くなっていると、周りの作家仲間たちに警告を発しています。

また、彼は勾留されることが持つ意味を書いています。彼は独房のなかで手紙を書くことはできません。手紙を書くときは、書信室という特別な部屋に行く。自分の独房では、石版に、例えば、英語であれば単語を書いて、また消して覚えるという、それぐらいのことしかできない。だから、獄中で創作することはできないために、こういう手紙を書くということが、彼にとってはほとんど外に対する唯一の道であり、思索であったと思います。彼は、そういう獄のなかに入っているということを、海から汲み上げられてきているクラゲ、と例えています。

次に、先ほどもちょっと触れましたが、勾留、そういう拘禁に対する彼の戦いの方法、これは呑気でいること、ということです。「飴玉闘争」という、一つ一つ異議申し立てをすることも彼はやっていたようです。時間がないのでそこのところは触れられません。

先ほどの村山籌子宛の書簡に読みとれるように、北の国、北海道、小樽に対する強い思いというようなものがありました。母のこと、それからノーマさんも指摘された「昆布巻き」のこと、布団の重さ、それから北の国では飛行機を、大人も子どもも飛び出して見るというようなこと。獄の上の小さな明かりとりから星や月が見える、この星や月は、北の国からも同じ星や月を眺めているという、その思いを共有すること。小樽の街や人のこと、小樽で起こった親子心中のこと、北の風が吹き荒れているということなど、彼はさまざまに獄中書簡のなかで書いております。

私は小樽から来ているので小樽びいきになるのですが、三〇年三月に東京に来て、その後ずーっと彼は殺されるまで、三年余り東京で生活をしています。しかし、私は、多喜二は一時的に小樽から東京に来たんだろうと思っています。出獄したら一度戻ろうとした気配が、いくつかの所から伺えます。つまり、彼は小樽での文学活動、小樽での労働運動を一つの拠点にしようと思っていましたので、かならずしも東京で作家生活をするということが、作家としての生きる道ではないというふうに考えていた。ただ彼は、作家同盟の書記長という要職につきますから、結果的にはその後、小樽に帰る機会を持たずに、ずーっと東京生活をしますが、彼はやはり小樽というものに非常に強い思いがあったように思います。

「君の手を握る！」という、先ほどちょっと触れたことです。これは、三〇年一〇月二二日付の鹿地亘宛の手紙が初出です。現在残されている獄中書簡四六通中、一五通の末尾にこの言葉があります。ただ、その前に、一九二八年の一二月六日付の齋藤次郎宛に、「レーニンにならって、「手を握ろう！」」というのが一つだけポツンとあります。このレーニンにならってというのが残念ながらちょっとまだ私は何に倣っているのかよく判りませんので、ご存じの方があれば教えていただきたいと思います(補注)。

「君の手を握る！」というのは、獄の厚い壁を通して、外の人と結びつくということですね。手紙をくれという要望もしています。生きている社会への繋がりの証しとして、この言葉があったように思います。手紙が発信されて、その返信が来るまでに、途中で検閲があり、一ヵ月以上、四〇日もかかるというわけですね。彼は、豊多摩刑務所に居ましたので、例えば、あの村山籌子さんは上落合にいますので、西武線で言えば二駅ぐらいで行けるわけですね。そういう所に、歩いても一時間ぐらいで行けるところに、獄からの手紙は往復で四〇日もかかるんですよ、と、そんなことを書いています。彼は、出獄した後も、まだ、獄に入っている友人に宛てて、今度は外から「君の手を握る！」と書いています。あるいは作家同盟の先輩として、若い人たちに文学の指導をしていくわけですが、だんだん慣れてくると、手紙のなかで若い人たちに対して、「君の手を握る！」と使っています。

「君の手を握る！」っていうのは連帯のあいさつです。ノーマさんの本を見ると、小樽港湾争議のビラのなかにも、握手をしている、そういうビラの挿絵が入っていますし、それから、絶筆の「地区の人々」の最後も「私達二人はかたく手を握った」というふうに終わっていると、指摘されております。ですから、手を握るということは当時ごく一般的なことだったとしても、特に多喜二はこの言葉に大きな意味を込めていたように思います。

最後に、多喜二文学における手紙形式の多彩さということです。多喜二の作品のなかには、この手紙の形式を使った作品がいくつか見られます。例えば、初期の「万歳々々」は、多喜二の作品のなかでは非常に微笑ましいものです。短編ですが、「お恵」というタキさんを彷彿とさせる女性と、学生の主人公との手紙のやり取りとが描かれる。その一番最後のところに、「終りの彼の名前のところは何時でもインキが滲んでいる」、キスをしているわけですね。

次に「誰かに宛てた記録」、「蟹工船」のもう一つのバージョンといえる、「「カムサッカ」から帰った漁夫の手紙」。さらに「救援ニュース　No.18附録」という非常に長いタイトルの作品。こんな長いタイトルの小説はないだろうと言っているものですが、実はこれは、多喜二が一番愛着を持っている作品と語っている短編です。これらは手紙形式で書いているわけですね。

全集のなかにありますので、ぜひお読みいただければと思います。出獄してからも「テガミ」という壁小説、本当に短い、数百字のものを書いています。

やはり彼は他の作家に比べて、手紙という様式を自分の作品のなかにいろいろ応用をしていた、そういう所におもしろさがあるのではないだろうかと思います。それは、多喜二が手紙の持つ特別の力を、非常によく理解していたがゆえに、人の心に届くような手紙を書き、あるいはそれを創作、短編の作品としても書いていたんではないだろうかと。

現代において多喜二＝「蟹工船」という、そこに焦点が当たるべきところですが、今日の私の話は、実は多喜二はもっともっと魅力に富んでる、特に、手紙において、その人間的な魅力がもっとも発揮されている、そのことをお伝えしたかったのです。ありがとうございました。

〔補注〕ここは『レーニンのゴルキーへの手紙』（中野重治訳、叢文閣、一九二七年五月刊）から借りている、とのご教示を大田努氏からいただいた。

私にとっての多喜二 ―「治安体制」と「思想史」の両面から―

私は、「特高警察」や「治安維持法」などの「治安体制」を専門の領域とする一方で、「大逆事件」前後の「初期社会主義」という「思想史」を本来の領域としてきたつもりだが、ここ二〇年来は前者に比重がかかってきた。それは、一つの小さな到達が新たな課題を次々に導いてくれるとともに、これらの課題が現代につながるという自覚と責務に促されてのことであったが、消極的にいえば「思想史」の領域に新たな展望が見いだせなかったためである。

卒論や修論を含め、三〇代までの「初期社会主義」についての論稿を、一九九三年に『初期社会主義思想論』としてまとめた。いわゆる「冬の時代」の思想的豊饒さの追究を主題とするなかで、「大逆事件」前の初期社会主義の前半段階（「明治社会主義」）から後半段階（主に一九一〇年代）に至る諸様相を、接続（石川啄木・土岐哀果、河上肇ら）、転換（大杉栄、荒畑寒村）、継承（堺利彦、安部磯雄）の観点から概観した。しかし、「冬の時代」が終焉し、日本共産党創立、そして無産政党結成に至る一九二〇年前後から二〇年代半ば以降に、うまく思想史的な課題を設定することができなかった。

現在から振りかえれば、次のような理由からである。未発であるがゆえに混沌とし、理想や正義感にあふれた熱気と手あかにまみれない思想の純粋性に富むこと、それらの担い手たちの多様な個性が、「初期社会主義」の魅力と捉えられていた。それに対して、「初期社会主義」に惹かれるものは、概して「初期社会主義」の収束とその後への関心は希薄で、私も含めて大方は、一九二〇年代以降のイメージとして社会変革を求める思想と運動の分化と対立、離合集散・権謀術策をまず想起してしまった。おそらく「初期社会主義」の次の段階は「社会運動」の段階とすべきだろうが、その思想にどのようにぶつかっていくか、暗中模索の状態にずっととどまっていたのである。

＊

こうして「思想史」の領域に展望を見いだせぬまま、「治安体制」の考察に傾くことになった。その少し前に小樽に職を得たことから多喜二に論及する機会はあったものの、本格的に多喜二について考え始めたのは二〇〇四年ごろからである。それも多喜二祭での講演や中国での多喜二シンポジウムへの参加という、外的な契機による。

そうした機会を得て、あらためて『小林多喜二全集』に向き合うことにより、少しずつ多喜二を「治安体制」の観点からだけでなく、「思想史」の対象としてとらえることができるようになった。にわか勉強を通じて、「多喜二の創作の卓越性の根源」について、「多喜二は、ある出来事や事象を常に多面的に総合的に把握するように心がけ、実践した。特に中長編小説を意識的に積み重ねていくことで、多喜二は帝国日本の実像を全体として提示しようとした。それは、思想を、そして思想を表現するものとしての文学を、たえず「社会的」なものとして捉える視座を持ちつづけた」（「小林多喜二の生きた時代と現代」『いま中国によみがえる小林多喜二の文学』二〇〇六年）とする地点に至った。

その後、小説『蟹工船』が日本国内にとどまらず、文字通り世界的に広がるなかで「現代」と重ねあわされて爆発的に読まれていく事態に刺激も受けて、「多喜二の創作の卓越性」を再認識することになった。それを私自身の「思想史」の関心に引きつけて、主に小樽時代の思想形成の過程を日記や書簡などを通して再検証してきたことが、ここ数年来の多喜二に関わる仕事となった。その過程で、『蟹工船』作者として「プロレタリア文学の闘士」という多喜二像のみが再固定化することを少しでも揺さぶり、多喜二が人並み以上に悩み、周章狼狽し、はしゃぎ、優しさとユーモアにあふれた少年・青年であったことを知ってもらうために、等身大の人間性が彷彿とする手紙を編集する機会に恵まれた（『小林多喜二の手紙』二〇〇九年）。また、母セキの多喜二語りを紹介することもできた（『母の語る小林多喜二』

二〇一一年)。

現在の時点(二〇一三年)で私なりに多喜二を「思想史」上に位置づけるならば、その二〇代前半までの思想形成・文学形成の段階は「初期社会主義」から次の段階への転換期にあたり、五年に満たない二〇代後半の思想と文学の展開は、次の段階=「社会運動」の段階に相当するといえる。

＊

そして、多喜二の思想的・文学的な営みを手がかりに、ようやく前半期の「初期社会主義」から「社会運動」への転換期の把握に近づくことができた。

具体的に手がかりとなったのは、多喜二の「転形期」認識である。多喜二は、小樽の手宮地区を舞台とした小説「転形期の人々」(一九三一年一〇月から三二年四月にかけて『ナップ』・『プロレタリア文学』に連載、未完)の「序論」を、一九二六年の「冬が近い」時期から書きだす。「序論」の終わりの「作者附記」で、「次の「前篇」では福本イズムの擡頭、「中篇」では小樽のゼネ・スト、「後篇」では福本イズムの没落から三・一五まで、という風に進められる予定である」と記していた。連載中の談話では、「小樽に於て、組合、学聯、工場、ゼネスト等の中に、山川イズムが没落して福本イズムが如何にして起ったか、又それが如何にして再び没落したか」という「一つの時代を書いてゆく積り」(「「転形期の人々」の創作にあたって」『短唱』三二年四月）と述べていた。

この「序論」のなかでは、回想的に二四年中の高商の「政治研究会」や「小樽の労働組合結成の第一回準備会」を「転形期」の助走期間として描き、軍事教練反対運動（一九二五年秋）を「小樽の街の輝かしい左翼の伝統」の発端とする。「小樽のゼネ・スト」とは、一九二六年六月の磯野小作争議につづく、一〇月の小樽港湾争議を指す。このように、多喜二は一九二五年前後の数年間を「転形期」と認識する。それは、「初期社会主義」から「社会運動」への転換期にほぼ相当する。

しかも、この時期は、何より多喜二自身の思想と文学における「転形期」であった。自筆「年譜」（一九三一年一月執筆）には、「ぼくは小樽高商の所謂「軍教反対問題」に関係した友人から「マルクス」や「レーニン」や当時評判だった「福本和夫」の著作を読むことをすゝめられた。なおその上に、山本懸蔵の立候補、種々の研究会、あの「三・一五事件」等々が、そのぼくの傾向を決定的なものにした」と書く。これに先立ち、一〇代後半からの社会主義への漠然とした関心と傾斜があった。

少しさかのぼって、多喜二の思想・文学形成をみてみよう。一〇代半ばから多喜二は「白樺」派、とくに志賀直哉の小説技法に強い影響を受ける一方で、創作の主題としては早くも社会の矛盾やゆがみ、それらから発する人間心理の揺れや陥穽を選び取りつつあった。一七歳の投稿小説「老いた体操教師」は、中流階層の生活苦や転落の恐怖を題材として、そこにいとおしさやユーモアを醸しだす。多喜二の関心は次第に「人が幸福になるにはどうすればいゝんだろう」という点に収斂し、読書と思索もそれに集中することとなり、文学的創作もその模索の表現の手段と場となる。

小樽高商の卒論（二四年一月）に無政府主義者クロポトキンの『パンの征服』の翻訳を選び、同人雑誌『クラルテ』第三号（二四年七月）では「最も道徳的な人こそ、最も偉大な社会主義者であらねばならぬ」（「修身とサウシアリズム」）と論じていた。しかし、その地点から「思想的に、断然、マルキシズムに進展して行った」と二八年一月一日の「日記」と書きつけるまでには、かなり長い時間を要した。二七年二月の時点では、「社会主義者として、自分の進路が分っていながら、色々な点で、グズグズしている自分である」と、自身ももどかしさを感じているが、まもなく「本ばかりよんで、社会主義とはこんなものだ、とか、調子に乗るのは、所謂、頭からの社会主義者である。が、胸から、胸の奥底から、どうしても社会主義者にならずにいられないのがある」（二七年五月、「日記」）と考えるに至る。

「作家も。作家だから！」こそ社会科学の学習が必要と自覚する多喜二は、独学では十分に読みこなせなかったものの、小樽社会科学研究会に参加することで社会主義文献を読破し、自らの血肉化していった。また、この研究会を通して本格的に「小樽の労農党に交渉を持つ迄に、内的進展をするに至った」（「日記」、一一月二三日）。こうした紆余曲折の長い躊躇逡巡の時期を経て、多喜二は「思想的に、断然、マルキシズムに進展して行った」と自覚し、同時に「新らしい時代が来た。俺達の時代が来た」と宣言することができた。一〇代半ばからの人道主義的観点からの社会変革への漠然とした志向から、二〇代前半のジグザグとした社会主義への到達過程は、ある意味で混沌とした未発の可能性を多く含む「初期社会主義」の再現とみることができる。

古川友一らの社会科学研究会のメンバーを通して、小樽の労農党・労働運動の面々と知りあうなかで、それまでの交友関係では出会わなかった個性や資質、生活と運動ぶりに圧倒された多喜二は、彼らを「驚異」と呼び、自らの文学を鍛え、高めていった。社会をえぐり出すこと、そして「大きく時代の様相をつかみ上げ」（『小樽新聞』二八年一月三〇日）ることへの文学観の転換も同時に果たした。

＊

多喜二の「転形期」認識の過程でもう一つ重要なことは、田口タキ的存在の救済を考えつづけたことである。タキとその一家を知ることによって「貧窮」の底の底をみた多喜二は、タキを個人的に救うものの、タキに象徴される「その闇のどん底」「日の光を一日も見ず、土の底にうごめいている多くのもの」の救済を、「憂鬱」となるほど真剣に考える。その解決は人道主義ではどうにもならないことを理解すると、社会の変革の必要性・必然性の認識に至るのである。

「その出発を出発した女」は、タキの失踪直前の二七年五月前後に起稿され、タキ不在の衝撃を受け止めつつ、一一月ころまで書き継がれたが、中途で断念した創作である。「「羽がやぶれている」小さな哀れな聖女」として描かれる「お文」は、「カフェー〇〇」から曖昧屋「越後屋」へ転売され、自殺未遂後、サラリーマンの安本のもとに逃げる、という設定となっている。中断直前の場面に、「世界を思う」心と「女をおもう」心が、「お文に対する場合、安本にとってこの二つがしっくり合っていた」という一節がある。それは、多喜二の到達点であり、新たな出発点にほかならなかった。この小説こそ未完に終わったものの、ちょうど社会主義思想・運動への「内的進展」を果たしたと自覚する多喜二にとって、この「世界を思う」心と「女をおもう」心がしっくり合うこと、つまり、二者択一ではなく、共に希求する、どちらも大事なものと考えて、しかもそれらが「しっくり」合うような社会・生き方の実現こそが必要だと考える地点に立ったのである。

ここが、「社会主義者」多喜二の出発点となった。その発想は、「初期社会主義」における志士仁人意識や「総同盟罷工論」の現実性の欠如などという問題性を意識的・無意識的に克服するものであった。

「新らしい時代が来た。俺達の時代が来た」として「我等何を為すべきかではなしに、如何に為すべきかの時代だ」と叫ぶ多喜二は、必然的に第一回普選の選挙運動に加わっていった。その直後、多喜二が「驚異」と呼んだ小樽の無産運動・労働運動関係者を三・一五の大弾圧が襲い、「半植民地的な拷問」がなされていくことに、「煮えくりかえる憎悪」(「一九二八年三月十五日」『若草』一九三二年九月号)を燃え上がらせ、小説「一九二八年三月十五日」を一挙に完成させる。その完了後、わずか二週間余りで多喜二が書きあげたのが、「東倶知安行」(完成は二八年九月五日。『創作月刊』に送るものの、掲載とならず。のち『改造』一九三〇年一二月号に発表)である。その創作意図は後日、次のように語られる(「一九二八年三月十五日」『若草』一九三二年九月号)。

＊

この作品はその芸術的価値は別として、私には忘れられない意義を持っている。それはたゞ単に「私自身」のことを書いているという理由からではなしに、当時(一九二七年――一九二八年ごろ)の日本のプロレタリア運動が通ってきた一つの面がその中に描かれているからである。日本における最初の普選をモメントとして、勿論労働者農民が己れ自らの活動舞台へ登場してきたのではあるが、それにもまして何処の国でもその運動の初期に最も著しくあらわれる急進的な知識階級のホウハイとした合流であった。その一端にふれているのだ。だから、成程その作品は私自身のことを書いたのではあったが、その私自身のことを通して一つの歴史的事実を示しているという意味で、個人的な経験範囲を越えていると考えられる。

「当時(一九二七年――一九二八年ごろ)の日本のプロレタリア運動が通ってきた一つの面」、すなわち労農運動への「急進的な知識階級のホウハイとした合流」のあり様が、多喜二自身の直近の経験として描かれる。会社員あるいは銀行員として労農党の選挙「運動」に関わりながらも、その関わり方は常に「窮屈な、にえきらない、面倒臭いものだ」という負い目を感じている。そこに地方での遊説人員を急遽埋めなければならなくなると、その機会に「私」は「謀叛を起」す意気込みで応じた。「静かな、然し身体全体を底からユキユキとゆすぶってくるような興奮」を覚える。

多喜二はすでに「頭からの社会主義者」ではなく、「胸の奥底から」の社会主義者であるべきことを「頭」では理解していたが、それが実践で試される機会がやってきたのである。「私は叫ぶ。と、あの無数の群集がそれと一緒につり上ってくるのだ。それは本当だろうか」という課題に挑むために、「私達の話す演説が相手の気持をはっきりつかみ得るためには、相手が現実に何を感じ、何を要求しているかという事を、その人達が実際日常に経験していることから取りあげて示してやらなければならない」という明確な自覚をもって、「私」は演壇に立つ。「本で覚えた偉そうなマルクス、レーニンの理窟の暗誦は「あくび」を起さすことでしかない」として、聴衆に「台所と政治」の問題を訴えるのである。

「……諸君等が誰を選ばなければならないかは、然し諸君等よりもモットはっきり、そして適確にその事を知っているものこそ誰あろう、あの薄暗い惨めな台所で、雑巾切れのように働きつかれ、永年の貧苦に打ちのめされている諸君等の細君であり、諸君等の年老いた母親なのである！」

「白い手をした彼奴等は、この野郎と、鍬や鎌で（二十九字削除）……」

ここにはまず「ブルジョワ連」に対する憎悪や憤怒の率直な表明があり、さらにその構造的な解明にまで進みでている。のちに『蟹工船』における執筆意図について、「帝国軍隊――財閥――国際関係――労働者」（蔵原惟人宛書簡、一九二九年三月三一日）という「たった一本の「糸」」のつながりを「透き通るような鮮明さ」で明らかにすることにあったと語るが、それに先だってここでは「私」に、「一本の醤油――醤油店――問屋――醤油株式会社――重役――三井、三菱等――ブル政党（政友会、民政党）等――そして此等が逆に搾取関係にとんぼがえりする」、と語らせた。「台所と政治」が「まぎれもなく、たった一本の糸でつながっている」というカラクリの暴露であった。「選挙はお前達の「台所」の問題だ」、それを「分り易く知らせてやらなければならない」などという箇所に「急進的な知識階級」の指導者然とした傲慢さがみえるとしても、この構造的な把握は、社会科学文献の学習や銀行員としての職務経験などから導き出されたもので、独創的な「胸の奥底から」の社会主義者としての自立をみることができよう。

ほぼ半年前の選挙活動を題材に、「その運動の初期に最も著しくあらわれる急進的な知識階級のホウハイとした合流」のあり様を「東倶知安行」で同時代的に描き、その三年後、客観的に振りかえる余裕をもって、そこに至る「一つの時代」を「転形期の人々」のなかに描きだす。その「転形期」の把握は、みごとに「初期社会主義」から「社会運動」への転換に符合している。

＊

「東倶知安行」のもう一つの卓越性は、「社会運動」を「何代がかり」の運動として認識していることである。まず前半部の倶知安に向かう列車のなかで、小樽の労働運動の指導者「鈴本」（モデルは実在の鈴木源重）に、「俺達の運動は皆今始められたばかりさ。何代がかりの運動だなア」と語らせる。羊蹄山の麓の猛吹雪のなかを馬橇で突進する場面でも、鈴本に「全く、伊達や道楽で、この運動なんか出来ないや」と吐露させる。「俺達の運動は皆今始められたばかり」であり、「まだ発端という処にさえも行っていない」ことを冷徹に認めなければならない。

後半部で「私」の前の登壇者として水沢という「老人」を設定する。その「老人」の酔った際の口癖は、「俺は幸徳秋水を知っているんだ。――幸徳はねえ、何時でも巻煙草をこんな風にくわえて、なア水沢、お前寒くないかッて云ったもんだよ」である。「彼は十八の時から、こういう運動をやってきていた。そして、七十になろうとする今でも「その事だけ」は変らなかった」とされ、倶知安に農民組合をつくる時には、微温的な救済組合的なものに反対して、「戦闘的」な組合をつくるのに尽力したという。その生活と運動は、娘が身を売って支えているともされる。

この水沢「老人」は、「初期社会主義」段階において真狩村で試みられた「平民社農場」関係者を想起させる。「平民社農場」の創設と運営には当時の小樽の社会主義者も協力していただけに、その後も小樽の無産運動関係者には語りつがれ、おそらく小樽社会科学研究会を主宰する古川友一から多喜二は聞かされたと推測される。ただし、一八歳で平民社と思われる運動に参加し、一九二八年の普選の選挙運動時に七〇歳という設定には無理がある。「平民社農場」の精神を引き継ぐといっても、二〇年ほど経っても細々とした活動にとどまり、いつ「目鼻」がつくかもわからない。にもかかわらず、無私の、報われることを期待せず、「初期社会主義」の「自由、平等、博愛」の実現のために「大きな真剣さ」をもって、「雪にうづもれている蝦夷の一寒村」での生涯を送る「老人」は、小樽で出会った「驚異」とはまた別の「驚異」にほかならなかった。文字通り、「この運動をしようとするのは、冗談や流行や道楽で出来るものじゃない」ことを身をもって知らされた「私」は「憂鬱」になる一方で、「何代がかりの運動」であることに新たな覚悟を定めていく。

「当時（一九二七年――一九二八年ごろ）の日本のプロレタリア運動が通ってきた一つの面」を「転形期」として描くにあたり、多喜二が水沢「老人」を設定した意味はどのように考えるべきだろうか。「労働者農民が已れ自らの活動舞台へ登場してきた」という「社会運動」の段階の前史として、幸徳秋水と水沢の接点を捉え、「初期社会主義」の精神の継続を「老人」を通して体現させる。それは「何代がかりの運動」とはいっても、せいぜい一代や二代の運動が経過したにすぎない。短兵急に運動が拡大するわけでも、革命が到来するわけでもないことは当然のことである。「大逆事件」や「三・一五事件」などの官憲の弾圧に見舞われ、運動がズタズタにされることも、「何代がかり」の長い歴史からみれば、大打撃ではあっても、一喜一憂することでもない。おそらく、多喜二はこのような地点に到達していたのではないだろうか。

この「何代がかりの運動」観は、多喜二の作品に貫かれている。小説「一九二八年三月十五日」の最後（『戦旗』掲載時には削除）では「獄内デモ」と獄外の「再建のための闘争」が描かれ、「蟹工船」も「そして、彼等は、立ち上った。――もう一度！」と結ばれる。遺作となる「地区の人々」の副題は「火を継ぐもの」であった。地下生活中の多喜二は早晩の検挙、そして拷問での死をも覚悟していた節があるが、それは「何代がかりの運動」からいえば、まだ発端に近いところの犠牲の一つにすぎなく、「火を継ぐもの」がつづくことを確信していた。

＊

「初期社会主義」から「社会運動」への転換については、ここでは多喜二の思想・文学形成の事例をあげたにすぎず、さまざまな様相が検討されねばならない。多喜二に近いところでは、『種蒔く人』から『文芸戦線』、さらに日本左翼文芸総連合『戦争に対する戦争』などの共同戦線の試みから、分裂・対立の状況があるだろう。また、「初期社会主義」の内包する課題である民主主義的変革が、「社会運動」の段階において、どのように継承されたかは、無産政党の綱領や二七テーゼ・三二テーゼなどの検証が必要となる。「初期社会主義」から「社会運動」へ、何が断絶・克服され、何が接続・継承されたのか、「日本社会主義史」への展望を持ちつつ、ここを出発点として考えていきたい。

そして、多喜二に戻っていえば、この二〇代前半の「転形期」を経て、「社会主義者」を宣言した後の五年余の思想的・文学的展開を「社会運動」のなかで考えることが、私にとってはほとんど手つかずのまま残されている。新たに公開された「草稿ノート」の熟読も必要であろう。また、小説に比べて論及の少ない、とくに日本プロレタリア文学同盟書記長時代の文芸評論・社会評論などにも注目しなければならない。

ここで唐突だが、多喜二虐殺の二ヵ月後、三三年四月二一日の『読売新聞』掲載「時代の人気者　解剖座談会」における大宅壮一の発言をみよう。そこでは多喜二について「何処でもボロを出さない、非難すべき点が見当たらない」、「だから仲間でもみな尊敬する」、「素晴らしい人気がある」として、「典型的な、理想的な左翼の闘士」と評している。皮肉屋の大宅ではあるが、この多喜二への賞賛はそのまま受けとってよい。その評価は、同時代の志賀直哉らの評価と通底するだろう。しかし、その後は、虐殺の記憶も加わり、「典型的な、理想的な、左翼の闘士」像のみが一人歩きしてその内実が問われることが少なくなり、近寄りがたい存在とも見られてきた。

「グズグズと」躊躇逡巡する長い時間をへて、ついに「社会主義者」への「内的進展」を果した多喜二は、どのように「典型的な、理想的な、左翼の闘士」に成長していったのだろうか。一人の青年が並々ならぬ努力をつづけたというべきだが、何を観察し、何を経験したのか、その思想的・文学的展開について、あらためてよく考えてみようと思う。

＊

いうまでもなく二足のわらじの一方である「治安体制」を今後も考えていくにあたって、多喜二は大いに頼りになる存在である。以前にも指摘したことだが、満洲事変後において「戦争が外部に対する暴力的侵略であると同時に、国内に於いては反動的恐怖政治たらざるを得ない」（「八月一日に準備せよ！」『プロレタリア文化』三二年八月）と鋭く捉え、警視庁特高部の拡充などを治安体制全般のなかに位置づけることは、示唆に富む。

私にとって今後の指針となるのは、『蟹工船』などの北洋漁業における海軍警備の問題である。『蟹工船』の秀逸さは、その植民地的な苛酷な労働の実態を暴露し、抵抗に立ちあがる労働者層の成長を描くだけにとどまらず、帝国主義戦争の背後にある「経済的理由」の解明を試みようとした点にある。もっとも実際にはそれは十分に追及しきれたわけではなかったが、「資本主義は……官憲と軍隊を「門番」「見張番」「用心棒」にしながら、飽くことのない虐使をし、そして、如何に、急激に資本主義化するか、ということ」（蔵原宛書簡、同前）への鋭い着眼点を提示した。蟹工船におけるストライキの鎮圧は「用心棒」としての役割の一つとはいえ、「帝国軍艦」にとってそれは副次的な機能にとどまる。「見張番」「用心棒」としての主要な機能は、公海における工船蟹漁業の保護という警備活動にあった。

監督「浅川」は漁夫らに向けて、「蟹工船の事業」の意義について「一会社の儲仕事」ではなく、北洋をめぐる国際上の漁業戦の「一騎打ちの戦い」であることを強調し、その「日本帝国の大きな使命のために、俺達は命を的に、北海の荒波をつッ切って行くのだということを知ってて貰わにゃならない。だからこそ、あっちへ行っても始終我帝国の軍艦が我々を守っていてくれることになっているのだ」と叫ぶ。青森県大湊から出港した駆逐艦はカムチャッカ半島の東西沿岸を巡航し、領海一二浬《かいり》を主張するソビエト側の取締＝漁船の拿捕・抑留などに対抗し、ときに拿捕漁船の奪回などの実力行動にでる（欧米諸国とともに日本側は領海三浬を主張）。

この駆逐艦の巡航は、発展する北洋漁業に不可欠なものと認識された。一九二五年に露領水産組合から海軍省に出された巡航期間延長を求める電報の一節――「第二駆逐隊のカムサツカ沖に於ける御駐在は露国の地方官憲又は監視船と本組合等の蟹工船との間の紛擾を全然予防し、殊に露国が主張する所の保護区域なる十二浬説を打破するに最も有力なる根拠と被認、本組合員等が何等の不安なく作業に従事することを得る」――は、それをよく物語る。一九二六年からソビエト側の取締が強化されると、拿捕抑留事件が頻発した。露領水産組合はさらに駆逐艦による警備の拡充を請願する。このような意味合いにおいて、日ソ間の「一騎打ち」＝「国際漁業戦」、そのための海軍艦船の警備活動が重視された。

おそらく多喜二は函館などでの北洋漁業関係者への取材を通じて、公的な資料には残らない駆逐艦による「蟹工船」警備の実態に迫る。不漁がつづき焦慮した監督は領海内での密漁を計画し、その「見張番」「用心棒」役を駆逐艦に要請する。給仕の話として、「士官や船長や監督の話だけれどもな、今度ロシアの領海へこっそり潜入して漁をするそうだど。それで駆逐艦がしっきりなしに、側にいて番をしてくれるそうだ――大分、コレやっているらしいな。（拇指と人差し指で円るくしてみせた）」を挿入する。

また、草稿段階では、密漁容疑で発動機船が拿捕されると、その奪回のために「監督はすぐに、駆逐艦に無電を打った。「そろそろ罐詰も役に立つ時が来るんだで。」駆逐艦××は夕方本船の近くに停航した。監督と雑夫長、船長が又（！）罐詰を船員に背負はせて、駆逐艦に持って行った」という場面を設定していた。これらは、「国際漁業戦」を名目にした個別の利益追及のための供応＝贈答である。実際にこうした供応と見返りの警備もあっただろう。『蟹工船』冒頭の函館出航前の、「会社のオッかない人、船長、監督、それにカムサッカで警備の任に当る駆逐艦の御大《おんたい》、水上警察の署長さん、海員組合の折鞄」による博光丸船尾のサロンでの宴会は、こうした官憲の「門番」「見張番」「用心棒」に対する供応＝饗宴を象徴する場面であった。「水上警察の署長さん」とは、漁夫・雑夫らのなかに労働運動関係者や社会主義者が紛れ込むことやソビエト側からの「赤化思想」の流入への取締を任務とする外事警察を意味する。「海員組合の折鞄」とは、労資協調の日本海員組合の幹部連を指す。

そして、多喜二は駆逐艦の警備活動のもう一つの目的にも言及している。やはり給仕に、見聞した話として、「駆逐艦が蟹工船の警備に出動すると云ったところで、どうしてどうして、そればかりの目的でなくて、この辺の海、北樺太、千島の付近まで詳細に測量したり気候を調べたりするのが、かえって大目的で、万一のアレに手ぬかりなくする訳だな」と語らせる。「万一のアレ」という対ソビエト戦争に備えて、海軍省は地形や海流・気象などの調査を周到に進めていた。早くもロシア革命後のシベリア・カムチャッカ方面の混乱に際して、一九一八年にカムチャッカ沿岸の巡航警備に出動した警備艦武蔵の任務は、「此機を利用し、出来得る限り、我北方境域に於ける万般の事情」を調査することにあった。また、一九二四年に出動した第一八駆逐隊の「堪察加警備報告」には、「国防上、将又《はたまた》国益上平時堪察加方面に於ける研究の必要なる事は隣接国として今茲に贅言を要せず」と明記されていた。

「蟹工船」=工船蟹漁業を含む北洋漁業（さらに規模の大きなものとして漁区租借の露領沿岸漁業があり、これについても多喜二は「「カムサツカ」から帰った漁夫の手紙」〈『改造』一九二九年六月〉を創作している）は、監督「浅川」にいわせれば、「我カムサッカの漁業は……国際的に云ってだ、他の国とは比らべもならない優秀な地位を保って居り、又日本国内の行き詰った人口問題、食料問題に対して、重大な使命を持っているのだ」ということになる。国家的な権益という認識だが、多喜二の場合、それが日露戦争によって獲得したものという見方には至っていない。

規模が拡大されるにつれ、北洋漁業の権益は「満洲」とともに膨大な戦費と人的犠牲の結果として獲得したもの、という認識が広まった。一例だけ引けば、多喜二の「蟹工船」発表の直後の時期にあたるが、『大阪毎日新聞』記者としてカムチャッカを視察した長永義正はその著書『カムチヤツカ大観』（一九三〇年）の「序」冒頭に、「ベーリング海、オホツク海の北洋とカムチヤツカ沿岸はわが水産業の一大宝庫である。カムチヤツカ沿岸に於るわが漁業権は幾多の先駆者が血涙の辛苦を嘗め、日露戦役といふ絶大の犠牲で獲得した帝国の権益である」と記している。満鉄を中心とする「満洲」権益の数分の一という規模ではあったが、北洋漁業の権益は日露戦争の大きな犠牲の上に獲得した「国益」という認識が強まり、それはさらに拡充すべきもの・できるものとされた。

多喜二の『蟹工船』に導かれて、私はようやく北洋漁業と海軍艦船の警備という問題に気づくことができた。それは、日露戦争時からアジア太平洋戦争時まで、ほぼ平時における帝国海軍の「国益」確保・拡充を遂行した任務であった。その全体の解明は今後の課題である。

＊

このように私の問題関心に極力引きつけてだが、多喜二を主題とすることによって、新たな「思想史」と「治安体制」の展望が開けつつあることを感じている。当然のこととはいえ、多喜二はこれまでほとんど「文学」の領域から論じられてきたが、それらとは問題意識や方法の異なる「史学」の領域からのアプローチは、相互に刺激を与えることになるであろう。

偶然のことながら小樽で生活することによって多喜二と出会い、地の利のアドバンテージというさまざまな恩恵を受けることができた。今後もこの幸運な環境を生かして、さらに豊潤な「多喜二学」の樹立に努めたい。

あとがき

「戦争ができる国」をめざす安倍晋三政権の強権的な政治姿勢・施策とそれを支える社会的勢力と意識は、再び戦時体制を忍び寄らせ、よみがえらせつつある（拙著『よみがえる戦時体制』集英社新書）。二〇一九年夏、政権主導による日韓関係の緊張関係の意図的な醸成・助長や、「表現の不自由」展を中断させた社会的圧力は、あたらしい「戦前」の到来をさらに鮮明にした。こうした歴史的な反動の深まりが現実的に進行する一方で、それらに屈せず抗するもう一つの社会的勢力と意識が質量ともに増大し、反転・反撃の姿勢を強めていることは、現代をあらたな「戦前」としないための大きな壁となっている。それは、多くの悲惨な犠牲をもたらしたかつての「戦前」とは決定的な相違である。

現代における治安体制や思想統制の拡充強化を憂慮し不安をもつ方々から、その現代的な意味を考える手がかりとして日本近現代史における抑圧取締や抵抗のありようについて見解を求められる機会が増えた。それらに対して、これまでに考えてきたこと、あるいはにわか勉強により、できるだけ応じるように心がけた。本書はそうした、ここ一〇年来の講演記録などを中心に構成している。治安体制の過去と現在について歴史的考察を試みるとともに、小林多喜二の社会変革への構想と実践についてその現代的意味を考えてきた。

これまでのいずれの著作も、本書も、基調は一貫共通しているつもりである。いかにして社会の変革は可能か、そしてその変革をさまたげるものは何か、ということの歴史的究明である。カッコをつけて言い換えれば、といってもやはり多喜二の言葉を借りるのだが、「人が幸福になるにはどうすればいいんだろう」ということが、こうした基調の原点にある。そして、社会・歴史が変革を繰りかえして「人が幸福になる」ために進歩することへの、根本的なところでの確信がある。もちろん、その道筋はジグザクで、揺り戻しがあり、大きな犠牲をともないつつであるが。

主に講演では依頼内容により、それまでに公刊したテーマの概要などを中心に準備する場合と、ちょうど取り組んでいるテーマの途中経過として準備する場合があった。「侵略と治安維持法」については、『外務省警察史――在留民保護取締と特高警察機能』（校倉書房、二〇〇五年）・『「満洲国」の弾圧と抵抗――関東憲兵隊と「合作社事件」』（共著、日本経済評論社、二〇一七年）などをもとにしているが、とくに植民地朝鮮における治安維持法運用の実態については今後取り組もうとしているテーマである。

後者の場合、多喜二の獄中書簡を取りあげた「君の手を握る！」は『小林多喜二の手紙』（岩波文庫、二〇〇九年）の編集と解説の原型となった。また、小説「蟹工船」と海軍警備については、『北洋漁業と海軍――「沈黙ノ威圧」と「国益」をめぐって』（校倉書房、二〇一六年）

にまとめることができた。

なお、「「暴力行為等処罰に関する法律」考」は弁護団から公判での証言を求められたために、「にわか勉強」の末の証言を文章化したもので、各所に増補の必要性を痛感するが、それでもこうした証言の機会を得て治安維持法体制の一画をなす治安法令に取りくむことができたのは幸いであった。

こうした講演や寄稿の機会を与えてくださった各団体の方々に、あらためて深くお礼を申しあげます。とりわけ、繰りかえしの多い煩雑な講演記録を文字化していただき、今回、その転載をお許しくださったことにお礼を申しあげます。

本書をこうしたかたちにつくりあげていただいた本の泉社の新舩海三郎さん、山田晃弘さん、田近裕之さんにも厚くお礼を申しあげます。

二〇一九年九月

荻野　富士夫

【初出一覧】

Ⅰ　治安体制の現代的意義

・治安体制の重層性——「戦後七〇年」と「治安維持法施行九〇年」の節目に際して——
『治安維持法と現代』29、二〇一五年四月

・「暴力行為等処罰に関する法律」考——「騙し打ち的悪法」——
小樽商科大学『人文研究』１３６、二〇一八年一二月

・「治安維持法」と「共謀罪」——「共謀罪」法案は現代の治安維持法——
二〇一七年三月二三日、阿佐ヶ谷市民講座例会での報告
阿佐ヶ谷市民講座『国家機密法に反対する懇談会たより』１０１、二〇一七年五月

Ⅱ　多喜二と治安体制

・「三・一五共産党弾圧事件」九〇年
『しんぶん赤旗』二〇一八年三月一四日

・多喜二に襲いかかる治安維持法
『民主文学』６４１、二〇一九年二月『治安維持法と現代』37、二〇一九年四月

・小林多喜二の生きた時代と現代——「我等何を、如何になすべきか」——
二〇一八年二月一二日、杉並・中野・渋谷第30回記念多喜二祭講演
『杉並・中野・渋谷　多喜二祭』講演記録、二〇一八年八月

・君の手を握る！——多喜二の獄中書簡から——
二〇〇九年二月二〇日、杉並・中野・渋谷第21回記念多喜二祭講演
『杉並・中野・渋谷　多喜二祭』講演記録、二〇〇九年六月

・私にとっての多喜二——「治安体制」と「思想史」の両面から——
小樽多喜二祭実行委員会『小林多喜二没後80年記念文集』二〇一三年二月

●著者略歴
荻野　富士夫（おぎの　ふじお）

1953年、埼玉県生まれ。1975年、早稲田大学第一文学部日本史学科卒業。1982年、早稲田大学大学院文学研究科後期課程修了。1987年より小樽商科大学勤務。2018年より小樽商科大学名誉教授

《主な著書》
『特高警察体制史──社会運動抑圧取締の構造と実態』
（せきた書房、1984年／増補版、1988年）
『戦後治安体制の確立』（岩波書店、1999年）
『思想検事』（岩波書店、2000年）
『特高警察』（岩波書店、2012年）
『日本憲兵史』（日本経済評論社、2018年）
『よみがえる戦時体制』（集英社新書、2018年）

〝本の泉社〟転換期から学ぶ歴史書シリーズ
治安体制の現代史と小林多喜二

2019年11月27日　初版第1刷発行

著　者　荻野《おぎの》　富士夫《ふじお》

発行所　株式会社 本の泉社
〒113-0033 東京都文京区本郷 2-25-6
電話：03-5800-8494　Fax：03-5800-5353
mail@honnoizumi.co.jp ／ http://www.honnoizumi.co.jp

発行者　新船海三郎
DTP　田近　裕之
印　刷　音羽印刷株式会社 ／ 製　本　株式会社　村上製本所

ISBN978-4-7807-1951-2　C0021